やりたいことを全部やれる人の仕事術

岡田充弘
Okada Mitsuhiro

PHP

はじめに――「すごい人」ではなく「幸せな人」になるために

私は今、クロネコキューブという謎解きイベントの企画会社を経営しています。他にも、社外の企業顧問や起業家支援、ビジネス書の執筆、講演活動など、**100を超えるプロジェクトを回しながら、年間十回ほどトライアスロンやマラソンの大会にも参加**しています。

そんな私は、今でこそ「やりたいことがやれて幸せだ」と声を大にして言えますが、初めからそうだったわけではありません。

なんとなく「やりたいこと」を思い浮かべては実行できずに悶々《もんもん》としている、といった期間は人よりも長かったと思います。

また、やりたいことといっても、起業してお金持ちになるとか、世界を変えるといった大それたものではなく、「行ったことのない場所への旅行」「しばらく会っていない友人との再会」「新しいスポーツへの挑戦」「ちょっとした親孝行」「少々まとまった時間が必要な趣味に没頭する」といったごく些細《ささい》なことばかりでした。

やりたいことをやる。そのことを人生で初めて強く意識したのは、私が大学3年生の頃でした。ちょうど1995年の阪神・淡路大震災が起こった時で、自宅は全壊するも奇跡的に助かったことから、亡くなられた人の分まで、**やりたいことをやる人生を歩もう**と思ったのです。

なのに私は、その後の社会人生活でやりたいことを後回しにしてきてしまいました。今思えば日々の忙しさを言い訳に、社会の常識やシステムに染まりかかっていたのかもしれません。

やりたいことをやる。それを2回目に強く意識したのは、私が31歳の時に父親を病気で亡くした時でした。尊敬する父親でしたが、晩年幸せだったかと問われれば、私にはYesと言う自信がありません。我慢や自己犠牲が多い人生だったようにも思います。私のやりたいことの一つであった親孝行も間に合いませんでした。それを機に、今度こそ後悔したくないと思って会社を辞めました。

独立して最初の仕事は、破綻寸前の地方メーカーを再生するための経営参画でした。ここでも、**あまりの忙しさと日々のトラブル対応で、やりたいことが後回しに**なりかけましたが、再生の目処がついてきた頃、とあるご縁で今のクロネコキューブという謎解きイベント会社を立ち上げたことが転機となりました。

会社は成長し続け、それまでの再生と仕組み作りの経験から、**どんどん身の回りの効率化を図り、少しずつ自分の時間が持てるように**なっていきました。

トライアスロンを始めたのもちょうどその頃です。人から誘われて何かを始めたのは、人生で初めてのことです。それだけ時間だけでなく心にも余裕ができたということでしょう。

トライアスロンはセルフマネジメントのスポーツだと言われています。練習量が大会でのパフォーマンスに相関しやすいスポーツです。したがって、年間の出場大会が決まると、おのずとトレーニングスケジュールも決まってきます。

そのことが、**私の生活に劇的な変化をもたらしました。**少しでもトレーニング時間を捻出しようと、身近な移動はランニングで行うようになりました。また普段の服装はどんどんカジュアルになり、やがてはトレーニングウェアにリュックを背負って走りながら働くようになりました。これを私は「ラン＆ワーク」と呼んでいます。

もちろんこの働き方を私の会社の社員には強制していませんが、少なくともいつでもどこでも働けるように、パソコンやスマホを扱う手元の技術を磨いてもらい、それに対応したIT環境を整備するよう努めてきました。

今では全員定時退社で、有給取得率も高く推移しています。趣味や旅行にも時間が使えているようで一安心です。自分の時間が持てるようになったことで、心なしか笑顔が増え、職場の雰囲気も明るくなっています。

私自身はやりたいことをやれるようになるまでにずいぶん遠回りしてしまったので、皆さんにはできるだけ早くその状態に到達できるよう、具体的な手元の技術や環境整備の方法を本書でお伝えしたいと思っています。

ただ、すぐに実現しないからといって焦る必要はありません。本書でご紹介する方法を地道に積み上げていくことで、才能に関係なく誰でも確実に目指す状態に近づいていけますので、どうぞご安心ください。

あなたが日頃やりたいと思っていることは、その大小にかかわらず、何一つ諦めないで

ほしいと思います。他人の意見に左右される必要はありません。
また、やりたいことがあるのなら、動き出しを後回しにしないことです。来年動き出そうとか、いつか動き出そうとか、ましてや定年退職まで待つ必要なんてまったくありません。工夫すれば今すぐ始められることばかりです。

人はいつからでも、どんな人でも、必ず変われます。遅すぎるということはありません。

本当の幸せは、出世やお金を追い求めることではなく、「時間的余裕」や「心身の健康」、「豊かな人間関係」の上に成り立っているように思います。

「すごい人」になるためではなく、「幸せな人」になるために、自分を変えていきませんか？　というのが私からの提案です。

あなたの人生が再び輝き出すことを願って、ジブン変革の第一歩を踏み出しましょう。

岡田充弘

やりたいことを
全部やれる人の
仕事術

CONTENTS

第1章 やりたいことを全部やるための「頭と心の整理」編

第2章

やりたいことを全部やるための「仕組み作り」編

第3章

やりたいことを全部やるための「時間作り」編

第4章

やりたいことを全部やるための「対人関係」編

第5章 やりたいことを全部やるための「マルチタスク」編

第6章

やりたいことを全部やるための「情報発信」編

第7章

やりたいことを全部やるための「メンテナンス」編

◆本書をお読みいただくにあたって◆
・本書で解説しているソフトウェアは、お使いのバージョンの違いなどにより、本書で紹介した通りの結果が得られない場合がございます。また本書の発刊後、ソフトウェアがアップデートされるなどして、機能や画面が変更されることも考えられます。あらかじめご了承ください。
・本書で紹介しているフリーソフトは、開発者の都合により、開発が中止されたり、配布が停止されたりすることがあります。
・本書に掲載されているパソコン操作によって生じた損失や損害については、弊社および著者は一切の責任を負いません。個人の責任の範囲でご利用ください。

第1章

やりたいことを全部やるための

「頭と心の整理」

編

01 今こそやりたいことをやる絶好の時代

人生における仕事の位置付けは大きく変わった

世の中は日々めまぐるしく変化しています。今では信じられないほどですが、一昔前まではスマホはおろか携帯電話も普及しておらず、電話と言えば固定電話のことでした。ソーシャルメディアが今ほどの存在感を示すようになったのも、ここ十数年の話です。

その間、リーマンショックや東日本大震災など、私たちの生活や価値観を一変する多くの出来事がありました。現在は志を秘めた多くの人たちが、真の復活・復興を目指して新たな歩みを始めており、人間の逞《たくま》しさとともに時の流れを感じさせられます。

中でも、人々の人生における仕事の位置付けは大きく変わってきたような気がします。

一つの仕事や会社だけを頼りにしていた生き方から、仕事や会社以外にも居場所を見つけ、

生きがいや達成感を大切にする生き方へと変わってきた、とも言えるでしょう。

その兆候は街のいたるところで見られます。

かつてと違って、公道の脇をランニングする人が増えました。

朝・夕にロードバイクで通勤する人も見かけます。

街に自転車屋さんが増えました。

メジャーなマラソン大会などは、なかなか抽選に当たりません。

お金よりも、家族や友人と楽しく過ごすほうをとる人が増えています。

派手で豪華なものを好む人を見かけることが少なくなりました。

これらを可能にしたのは、次の3つの環境変化であると考えています。

①IT環境

パソコンの処理速度や通信速度（固定・無線）は、10年前とは比較にならないくらい高速になりました。また、モバイル性も高まり、さらにスマホの登場もあって、時間と場所の制約は最小限になり、いつでもどこでも働ける柔軟なワークスタイルが可能になりました。これらは、やりたいことをやる上で大きな追い風となっていることは間違いありません。

②情報発信環境

Facebook や Twitter のようなソーシャルメディアの登場によって、個人が広く情報発信できるようになりました。それにより、今までは考えられなかったような幅広い人とのつながりが可能になり、会社以外でも力を貸してくれる仲間を見つけやすくなりました。
実際、ソーシャルメディアから仕事につながったり、採用に至ったりというケースは、枚挙にいとまがありません。

③就業環境

大手企業をはじめとして時短の動きが活発化してきており、個人が使える可処分時間は今後ますます増えていくことが予想されます。

また、会社に勤めながら副収入を得る選択肢も増えつつあります。ネットビジネスやイベント開催、ＥＣサイト運営の他、講演や執筆などの活動を公認にする会社も増えてきています。

さらには、人材サービスの台頭や人材不足という背景もあって、いざという時には新しい仕事を見つけやすい環境が整ってきています。

もし今あなたがやりたいことがやれていないとすれば、これらの環境変化に気づいていないだけかもしれません。

大丈夫です、自信を持っていきましょう。今こそ、やりたいことがやれる絶好の時代なのです。

02 人は自分のことが最も分かっていない

会社の成長と個人の幸せは比例するとは限らない

一般的に会社組織は大きくなればなるほど、個人に任せられる仕事の裁量範囲は小さくなるものです。

また運営体制を整えていく過程で、どうしても個人を縛るルールは多くなっていきます。そうした環境下で身につけられるスキルはどうしても限定的になりがちで、ときに仕事を退屈に感じることさえあるでしょう。

長年勤めた大企業をリストラされて初めて自分の市場価値の低さを知って愕然《がくぜん》とする、といった話も珍しくはありません。

私は、**人は仕事を通じて、何らかの自分が生きた足跡を残したい生き物**だと思っています。それが実現しにくい環境であれば、やがて自己の存在意義を見出せなくなり、「この仕事は自分でなくてもいいいんじゃないか」と思うようになることでしょう。

組織が大きくなることのネガティブな側面だけに目を向けても仕方がありませんが、会社組織の成長と個人の幸せとの関係は、概《おおむ》ねそういうものだと心づもりしておけば、自分の立ち位置やあり方を考える上で役に立つはずです。

人の好き嫌いや得意不得意は変わっていくもの

会社組織の中で自己の存在意義を見出す以前のもう一つの大きな問題は、そもそも人は自分のことが分かっていないということです。よくドラマなどで「自分のことは自分が一番分かっている」というセリフがありますが、あれは嘘でしょう。嘘と言わないまでも、実際には多少の誇張があると感じます。自分のことを真に理解することは、想像しているほど簡単ではありません。

実際、良い学校を出て、**良い会社に入って、良い給料をもらっているのに、10年近くも「自分はこれでいいのか」「自分にはどんな価値があるのか？」といったことで悶々としている**人を数多く見てきました。

なぜ人はこのようなことで悩んでしまうのか？　それは、人の好き嫌いや得意不得意はうつろいやすいもので、時間の経過や環境によって大きく変わってくるからだと思います。たとえば、昔嫌いだった納豆が今ではむしろ大好きになった、毛嫌いしていた勉強科目やスポーツが少しできるようになって好きになった、といった経験はありませんか？

こういった経験を繰り返しながら、人は自分自身を少しずつ理解し、成長していくのだと思います。そこで**重要になってくるのが、外の情報の収集ではなく、自身の体験を通じた内省の時間**です。ともすると、人は外の情報ばかりに気を取られがちで、自分の心の声に耳を傾けている人は意外と少ないようです。

とにかく行動してみて、生じた結果について自問自答を繰り返しましょう。会社とは別に、できるだけフットワーク軽くいろいろな場所に行き、いろいろな人に会って、いろいろな経験をしてみることをお勧めします。

03

自分を縛っているのはいつも自分

流行や常識に踊らされていないか

当の本人はオリジナルの持論を展開しているつもりでも、よく聞いてみると、どこかで聞いたような話や考えであったりすることは多々あります。人は無意識のうちに流行や常識にとらわれやすく、第三者の情報を鵜呑《うの》みにしてしまいがちです。

実際には、流行も常識も真実とはかけ離れている場合が多く、真実でないものに基づいて行動すれば、当然結果はついてきません。

結果を出し続ける人は、一見すると非常識な変わり者のように見られがちですが、これは他人の目を気にせず真実を捉えているからでしょう。流行や常識をそのまま鵜呑みにせず、自分の目で見て成功も失敗も経験することで、少しずつ適切な判断力を磨いていくことが大切です。

他人の意見にまどわされていないか

流行や常識以外にも、人は他人の意見に引っ張られることが多々あります。会議で自分と異なる意見が出た時に、なんとなく自分の意見を引っ込めてしまったり、他人のアドバイスをそのまま鵜呑みにしてしまったりしたことはないでしょうか？　私にも経験がありますが、これは相手に嫌われたくないという心理や、自信の無さの裏返しなのかもしれません。

他人の意見にまどわされるということは、他人が自分の心を支配している状態、自分が自分自身を放棄している状態とも言えます。

心の中に他人を迎える前に、まずは自分としっかり向き合うべきです。そして、何より自分に自信を持つ必要があります。自信は、経験と自問を繰り返すことによって、揺るぎないものへと変わっていきます。

自信を持って行動すると、悪くとられると「頑固だ」、良くとってもらえると「信念がある」と評されることがあります。

ちなみに、「頑固」と「信念」との違いはその目的にあります。「頑固」の目的は自分を守るため、「信念」の目的は目標を達成するためです。

自分を一番縛っているのは自分だった

他人の意見を聞かないように、と言っているのではありません。むしろより多くの意見に耳を傾けたほうがいいと思います。意見を聞いて自分なりの仮説を持ち、実行してまた考える、その繰り返しで自分と向き合っていくのです。

そうすることで、あなたの思考を無意識のうちに縛っている、流行や常識、他人の意見などから自由になれます。私はやりたいことをやるのに、必ずしも会社を辞める必要はないと思います。何より選択権が自分にあることが大切です。

自分を縛っているのはいつも自分です。人生最後の日に後悔しないよう、毎日を全力で楽しみましょう。

04 表現することを恐れてはいけない

個性を出すことを恐れていないか

極端な言い方をすると、島国の日本はジェラシーの国。不用意に自分を出すと浮いてしまうのでは、と心配するのも無理はありません。

ただ、自分を出さなければ争いは避けられるかもしれませんが、同時にあなたが自分の個性を発揮するチャンスをみすみす逃すことにもなります。

そもそも個性とは、「顕在化された特徴」ではなく、「潜在化された本質」です。そして、個性は少しずつ育まれるものです。

しかし、個性という言葉は誤解されがちで、ときどき「個性的なワガママさん」を見かけますが、**個性とワガママは似て非なるもの**です。たとえば、チームでゴールを目指している時に、深く考えず自分の利益だけを追い求めるのは「ワガママ」、人とは異なる自分なりの意見を述べるのは「個性」と言えるのではないでしょうか。

そういう意味では、今の日本には本当の意味で個性的な人はまだそう多くはありません。たまに服装や言動で無理やり個性を出そうとしている人を見かけますが、傍《はた》から見ていてどこか不自然に映ります。本来個性とは、外見の装飾や奇抜な行動で取り繕われるものではなく、日々の行動と自問自答の繰り返しによって内面から滲《にじ》み出てくるものです。

正しいと思ったことを堂々と口にしているか

やりたいことをやるには、常日頃から自分が正しいと思ったことを堂々と口にできる自分であることも大切です。その場の雰囲気に流されてしまったり、誰かに気を遣って自分を抑える癖がついてしまうと、それがネックになったりします。

とはいえ、実際の社会や会社では理屈で割り切れないことも多く、矛盾を感じることも多々あるでしょう。私もかつて日系大企業の官僚的な組織の中で、無駄や非効率を正すよう訴えてきましたが、年配社員からの風当たりは強まるばかりでした。

後に転職した外資系企業では同じ内容の提案を高く評価してくれましたが、このような文化の違いは現実にはよくあることです。
こうした違いの捉え方は人によって様々だと思いますが、やはり私は自分が考える正しさに対して正直であるほうがいいと思っています。自分の頭で考えて、自分の意見を述べる。そのリスクや責任を負うことが、自立することだと思うからです。

もし自分の考える正論が誰かと対立する場合でも、真っ向から相手を否定するのではなく、自分が異なる意見を持っていることを自然体で伝えてみてはいかがでしょうか？　必ずしも議論の決着をつける必要はありません。おそらく時間が経てば何が正しいかは自然と明らかになります。

大切なのは、あなたが自分の心に嘘をつかないということです。自分が正しいと思うことを口にしていくことで、本当の自分がどういう人間であるかを、あなた自身が気づいていくことになるでしょう。

05

日常の小さな好き嫌いを大切にする

やりたいことが分からない人は多い

世の中が豊かになりすぎたのか、大人たちが良い背中を見せていないせいか、やりたいことをやる以前に、そもそもやりたいことが見つからない、といった若手の嘆きの声を聞くことがあります。

実際、「やりたいことを見つけるセミナー」が頻繁に開催され、私自身も学生さんから**「やりたいことを見つけるにはどうしたらいいですか？」**といった質問をたびたび受けます。

正直なところ「贅沢だなぁ」と思う一方で、自分も昔は似たようなものだったので、人のことは言えません。学生生活が通学と勉強の繰り返しだけなのであれば、この時期はやりたいことが思い浮かばなくて当然なのかもしれません。

万能な解決策ではないかもしれませんが、あえてアドバイスするとすれば、直感を頼りに行動してみることです。直感とはちょっとした好き嫌い、と考えればいいと思います。

自分の好き嫌いを偽っていないか

「自分の好き嫌いを把握していますか?」とざっくり聞かれたら、おそらく多くの人は「Yes」と答えるでしょう。

しかし、実際に何かの対象を前に「どちらか好きなほうを選んでください」と言われると、答えに窮する人も少なからずいるのではないでしょうか。それだけ好き嫌いというものを曖昧《あいまい》にしている人が多いということでしょう。

これは日本人特有の遠慮や、おくゆかしさの表れでもありますが、混沌《こんとん》とした今の時代においては、むしろ好き嫌いをはっきりとさせていくほうがメリットは大きいと言えます。というのも、好き嫌いは、単なるワガママとは異なり、キャリアや仕事上の判断を行う上で重要な道標になることが多いからです。

また好き嫌いは、その人の得意不得意を表している場合も少なくありません。理由は簡単で、好きなことに対してはその分情熱を注げるため、今は得意でなくても将来的に得意になる可能性が高いからです。

とはいえ、若い頃にはあまり選り好みせず、なるべく幅広く経験することをお勧めしています。そうすることで、不得手が得手になり、嫌いが好きになることもあるからです。

また、**若い人ほど不安からインプットに走りがちですが、むしろできるだけアウトプットしながら好き嫌いを判別していくほうが、自分本来の姿を知るための近道**になるはずです。好き嫌いが教えてくれることは実はとても多いのです。

06

心からオモシロイと思えることをやる

本来持っている好奇心をよみがえらせる

もしあなたが今の仕事を面白いと思っていないのに、食べていくためだけや、何らかの理由で仕方なく取り組んでいるのであれば、それは少し寂しいことです。年をとって人生を振り返ってみた時に、「あの時は自分らしくなかった」と後悔する原因にもなりかねません。

自分が自分らしくあるためには、心から面白いと思える仕事をやることです。自分が面白いと思える仕事をすることで、内なるエネルギーが高まり、集中力が持続できるようになります。その結果、仕事の成功確率は高まり、好循環が生まれるようになるのです。

これは、起業家やクリエイターが寝る間も惜しんでハードワークできることとも関係があるかもしれません（自分も含め、この属性の人たちは好きなことしかやらないので）。

一方、我慢することに慣れすぎてしまっている人は、急に「面白いことをやりなさい」と言われても困ってしまうかもしれません。まず、そもそも何が面白いことなのかが分かりません。

そういう人は、毎日自分と向き合いながら時間をかけて自我を解放していくことです。そうすることで、本来持っている好奇心がよみがえり、やがて面白いと思える仕事に自然と近づいていくことができるでしょう。

人は面白いと思えることが無くなってきた時から衰退が始まります。その逆に、他人がどう思おうと、自分がオモシロイと思えることを徹底的にやっている人は、年齢にかかわらずいつもキラキラと輝いています。またそういう人の周りには多くの人が集まってきます。

誰でも「5人分の人生」を生きられる

私が面白く生きることに執着するのは、先にも触れましたが、阪神・淡路大震災での被災経験からきているのかもしれません。私は当時、建物の倒壊が最も酷かった地域に住んでいました。奇跡的に命拾いをしましたが、近所では多くの人が亡くなられました。

その時に強く感じたのは、人生は有限であり、時間とは人生そのものであるということです。であれば、亡くなられた方々のせめてもの供養として自分は時間を大切に使い、誰かが生きたかった人生の分まで面白く生きようと思ったのです。

それが**「5倍速で動けば5人分の人生を生きられるはず」**という理屈で、私が「5倍速ライフ」と呼ぶアクティブスタイルが誕生したきっかけです。

「5倍速なんて無理だ」と思う人もいるかもしれませんが、単純に月1回しかやっていないことを週1回はやる、平日週1回しかやっていないことを毎日やれば、概ね5倍速を達成したことになります。そう思うと、少しは現実的な気がしてきませんか？　イベント開催や人に会うなど、何でもいいのです。要は、どう習慣化するかです。

人生は本当にあっという間です。どうせやるなら面白いことを5倍速でどんどん回していきましょう。

07

異端と思われるくらいがちょうどいい

「優しすぎる人」は正当に評価されない

ときどき、素晴らしい能力や経験を持っているのに、周りからの評価がそれほど高くない人がいます。

その逆に、明らかに能力も経験も不足しているのに、運良く高い評価を得ている人もいます。不公平のような気もしますが、持っている力を他人に分かる形で表現できなければ、人から評価されないのは、ビジネスの世界でもプロスポーツの世界でも同じです。

「能力は高く経験も豊かなのに、それに見合う高い評価を得ていない人」に共通しているのが、優しすぎる、遠慮しすぎる、といった性格的特徴です。周囲の目を気にするあまり、自分を出しきれていないのです。業種・職種に関係なく、そういった人をいたるところで見かけます。

しかし、今のようなどこか閉塞感に包まれた時代にあっては、周りから少々異端と思われるくらいでちょうどいいのではないでしょうか。異端であることを自覚することで、心の奥底に眠っているエネルギーを最大限に引き出す、という狙いもあります。ある種の高揚感や陶酔感も、しなやかに自我を解放するには必要なことなのです。

そもそも世の中がこれほどまでに多様化すると、「普通」の定義すら難しくなってきます。

であれば、他人が思い描く、うつろな「普通」を追い求めるよりも、普遍の事実に基づき、自分の頭と心で結論を出すほうが、納得しながら前に進めるのではないでしょうか。そうした姿勢を続けられる人が少ないため、結果として異端と思われるだけなのです。

人に迷惑をかけるのはよくありませんが、人と異なる考え方をすることを恐れてはいけません。それを恐れない人が世の中のモノの見方を変えていくのです。**やりたいことを全部やるには、他人の「普通」の枠の中で生きるのではなく、人生の主体を自分に取り戻す必要があります。**

出すぎた杭は打たれない

あまり褒められた話ではないかもしれませんが、私はこれまで勤めたすべての職場で異端扱いでした。もちろんそれでマイナスなこともあったのですが、それ以上に自分のことを面白がってくれる人との出会いにつながったので、人と異なることを恐れなかったことを、今では良かったと思っています。

日本社会の中では、人と異なりすぎてはいけないような雰囲気がありますが、「出すぎた杭は打たれない」という言葉があるように、とことん突き抜ければ、やがては周りも認めてくれるものです。やりたいことをやるためにも、遠慮せずどんどん異端を目指していきましょう。

08 人のためになることを全力でやる

自分にできることをやればいい

社会から認められる成功者の中には、溢《あふ》れんばかりの富と才能を持ちながらも、他人のことを思いやれる大きな度量を持った人が少なくありません。彼らは私欲を捨てて人のためにに何かをすることが、結果として自分の周りに好循環をもたらすことを肌感覚として分かっているのでしょう。

「人のためになることをする」と聞くと、自分にはそんな能力もお金も無い、と思う人もいるかもしれません。

しかし、大げさに考える必要はありません。自分にできる範囲内で始めればいいのです。相手の思惑とずれると、おせっかいになってしまうこともあるかもしれませんが、何もしないよりはずっとマシです。

人のためになる行動として、「相手の気持ちや状況を理解する」「相手の魅力や能力を引き出す」「困っていることを解決する手伝いをする」の順でだんだんと高度になっていきます。実際何をするかは自由ですが、いずれもはじめから見返りを期待してはいけません。目先の見返りを期待していると、その気持ちが態度に出てしまい、良い結果をもたらしません。

一方、長い目で見ていると、忘れた頃に予期せぬ幸運が訪れることがあります。**もし何も返ってこなくても、社会に幸運の寄付をしたくらいに思っておけばいい**のです。少なくとも親切にされた人は、あなたのことを好印象で覚えていてくれるはずです。

「因果」ではなく「循環」で物事を考える

世の中には、他人が持っている資産や人脈などの恩恵にあずかろうと、近づいてくる人がいます。そういう人は物事を「循環」ではなく、短期的かつ狭い範囲の「因果」で捉えがちです。実際に損得勘定が先に立ってしまい、トラブルが起こる可能性も高いので、適度に距離をおくことをお勧めします。

「循環」で物事を考えるためには、行動に対する見返りが今すぐでなく未来でもいい、その人からでなく別の人からでもいい、なんなら返ってこなくてもいい、といった大らかな心構えが必要になってきます。

実際私の周りでも、やりたいことがやれている人ほど、そういった心の余裕があるように思います。

自分がやりたいことをやるには、まず他人のやりたいことを全力で助ける、そうすることで、自然と好循環が生まれてくることでしょう。

第2章

やりたいことを全部やるための「仕組み作り」編

01 たまの「改革」よりも毎日の「改善」を心がける

「改善」を怠るから「改革」が必要になる

ニュースなどいたるところで「改革」という言葉が何やら崇高《すうこう》なことのように使われていますが、私はそのことに少し違和感を持っています。というのも「改革」は、それまで「改善」を放棄してきたことによる、山積みした問題の大掃除のように思えなくもないからです。

「改革」は、「改善」よりも圧倒的にお金や労力がかかります。また、リスクも極めて高いと言えるでしょう。

これは会社経営でも個人生活でも言えることですが、「たまの改革」よりも「毎日の改善」のほうが、長期的に見ればよほど効果的です。社会で実績や肩書きのある方々が、なぜそれに気づかないのか不思議なくらいです。

実際にやりたいことをやろうと思えば、日常業務の標準化や身辺の身軽化などの仕組み作りが必要になってきます。仕組みや習慣を毎日少しずつ改善していくことで、やがて理想の状況へと近づいていくことができます。

たとえばGoogleは、今でこそ世界トップのITサービス企業ですが、検索エンジンサービスの細やかな改善を高速回転で行うことで、他が追いつけない圧倒的なポジションを獲得するまでに至ったのです。突然素晴らしいアイデアが降ってきて、改革を起こしたわけではありません。

イチロー選手の「小さいことを積み重ねるのが、とんでもないところへ行くただ一つの道だと思っています」という台詞《せりふ》も同様のことを言い表しています。

またトヨタの「KAIZEN」は、同社の目覚ましい発展はもとより、自動車の発明国でない日本を世界トップクラスの自動車輸出大国へと押し上げ、世界の共通言語にもなっているくらいです。

小さな改善を継続させること

仕組みや習慣を改善するにあたっては、とにかく小さくやることです。むやみに目標などを大きくすると、継続できなくなる可能性が高まります。

たとえば、

- **体を鍛えるのであれば、筋トレメニューを毎日1回ずつ増やす**
- **早起きしたいのであれば、毎日前日より1分ずつ早く起きる**
- **ITリテラシーを向上させたいなら、1日1個ずつショートカットキーを覚える**

といった具合です。

それに、小さな改善であれば、途中で軌道修正もしやすいので、リスクも軽減できます。突然思い立って改革の御旗を掲げるよりも、こまめな改善を日々継続するに勝るもの無し、ということを肝に銘じておきましょう。

02

時間と場所に縛られない働き方を身につける

ＩＴ活用で時間と場所の制約から解放される

働き手の多くは普段から無意識のうちに、会社の勤務時間や自分のデスクなど、何らかの「時間」や「場所」の制約を受けています。

一昔前までは、その時その場を基本とした「同期型」の働き方が当たり前でした。やがてそれらはＦａｘや留守番電話、電子メールなどを利用した「非同期型」の働き方に変わり、働き手はずいぶん「時間の制約」から解放されました。

そして現在では、パソコンのモバイル化やスマホの台頭、無線環境の整備などにより、〝仕事場〟の持ち運びが容易になり、「場所の制約」からも急速に解放されつつあります。

こうしたＩＴ面での技術革新により、働き方の自由度が増し、一人ひとりが扱える情報や仕事の量も以前と比べて格段に増えました。また会社組織は、従来の指示命令を中心とした縦の関係から、協力や信頼を中心としたよりフラットな横の関係が増えてきています。

無駄を省いて圧倒的スピードを身につける

やりたいことを全部やるには、圧倒的なスピードを身につける必要があります。そのためには余計なアイドリングタイムを排除し、仕事で即トップスピードに入れなければなりません。たとえば、会議では「とりあえず、来週までにその件を……」ではなく、「今スグやりましょう。具体的には……」といったスピード感で、その時その場で結論を出し尽くし、次へ次へとどんどんコマを進めていく感じです。

フットワーク軽く人に会いに行く

一定の場所に落ち着いてしまうのではなく、いつでも会いたい人にフットワーク軽く会いに行ける状態でいたいものです。

必要なものを持ってすぐ出かけられるよう、普段から移動用の荷物を準備しておくことをお勧めします。そうすることで、全国あるいは海外であっても、思い立った時に即行動に移しやすくなります。その結果として、ここぞという時にご縁やチャンスを逃すことが減り、好循環が生まれやすくなるでしょう。

03 基準にそって一定量を超えたモノは捨てる

〝捨てる基準〟をつくる

捨てたほうがいいのは分かっているけど、なかなか踏ん切りがつかない。気を緩めるといつのまにかモノや情報が増えてしまっている……そんな経験はありませんか？

モノや情報は放っておくと自然と増えていくものです。身の回りにモノや情報が増えてくると、シンプルさからはどんどん遠ざかっていきます。そうなると、物事の本質が見えにくくなるだけでなく、あなたの判断力も鈍ります。

捨てる難しさは、私も心情的には理解できます。人間ですから、どうしても愛着や思い出、また使うかもしれないといった「もったいない根性」が芽生えてくることもあります。

巷《ちまた》でよく見かける〝捨てる系の本〟には、「イメージして」とか「勇気を出して」といった精神的なアプローチを中心とするものが多いようです。

しかし、人間はうつろいやすい生き物なので、特にビジネスの世界においては、何らかの〝捨てる基準〟があったほうがいいと思っています。

たとえば私の会社では、

- **直近1年間使わなかったもの**
- **再入手が可能なもの**
- **比較的安価でスグに手に入るもの**

この3つに該当するものは、感情を挟まずあっさり手放すようにしています。

かつて破綻しかかっていた会社を改革した時には、この基準をもとにモノを相当捨てました。従業員10名に満たない小さな会社が、廃棄のために1トントラックに十数回往復してもらったのですから、それまで溜め込んだ物量がいかに多かったかが分かります。捨てても捨ててもまだ出てくる……社内は異常なくらいモノで溢れかえっていました。

捨てることこそが、好循環を生み出す第一歩

捨てるための段取りは、以下のように考えるといいでしょう。

①モノや情報を一定の箇所に集約（バラバラに分散させない）
②最適な物量を決める（必要以上に持たない）
③捨てる対象を選択する（〝捨てる基準〟にそって）
④捨てる方法を段取りする（無料か有料か？　手間は？）
⑤思い切って捨てる（さよならー）

捨てる基準があったとしても、最初はどうしても葛藤があるかもしれません。

しかし、慣れてくるとだんだん気分が爽快になっていくのが自分でも分かると思います。

捨てることこそが、好循環を生み出す第一歩なのです。

04

デジタル機器やケーブルを増やさない

デジタル機器を増やしすぎない

パソコンやスマホ、タブレット、デジタルカメラ、ビデオカメラ、プリンタ、スキャナなど、身の回りがデジタル機器で溢れかえっていませんか？

こうした機器のそれぞれの機能を覚えるだけでも、おそらく相当な時間を費やすことになります。付属している取扱説明書を十分に読みこむ人はごく稀《まれ》で、たいていの人は理解不十分のまま数年が経過し、モデルチェンジの時期を迎えるのではないでしょうか。

また、機器同士の対応ＯＳやドライバのバージョンが異なると、どちらか一方をバージョンアップさせる手間も発生します。

このように、**効率を上げるために購入した機器が、逆に時間を奪ってしまっている**というケースはよくあります。そうならないためにも、保有するデジタル機器は必要最低限のものに絞ることをお勧めします。

必要最低限を知るには最初は多少なりとも失敗することになります。あれこれ試して、時間対効果の高いものを残していくといいでしょう。

絞る際のポイントは、パソコンやスマホなど、どうしても残る必須アイテムに機能を集約していくことです。たとえば、スキャナやカメラはスマホにアプリをインストールしておけば、持ち運ぶハードウェアを減らすことができます。そうやってデジタル機器は少数に絞り込み、使い方を深く理解した上で、こまめにアップデートして最新の状態にしておくよう心がけましょう。

ケーブル類は共用して減らす

最近よく街中のカフェでノートパソコンやスマホを使ってモバイルワークをしている人を見かけます。モバイルワークをするには複数のデジタル機器が必要になりますが、それに伴いカバンの中に増えていくのがケーブル類です。

たとえば、パソコン用のＡＣ電源ケーブル、スマホ用の電源ケーブル、モバイルルーター用の電源ケーブル、イヤホンケーブルなど、ざっと思いつくだけでもこれだけあります。

カバンの中のケーブルや機器を少しでも減らすために、私はケーブルは機器間でできる限り兼用し、さらに**各種の充電器を減らすためにすべての電源をパソコンからとる**ようにしています。パソコンのバッテリーが残り少なくなってきた時には、電源が確保できる近くのカフェをスマホで調べて駆け込むようにしています。

純正のケーブルは使用後に巻き取る時間がもったいないですし、カバンの中での収まりが悪いので、普段は別に購入した巻き取り型のものを使っています。

工夫次第で、デジタル機器やケーブルに縛られない、身軽でスマートな環境を作ることができるはずです。

05 紙の手帳から思い切って卒業する

スケジュールはスマホに集約する

紙の手帳は、今なお多くの人から個人スケジュール管理のツールとして愛されています。サッと開けて、電源も不要、慣れ親しんだ紙なので誰でも簡単に使うことができます。アナログツール独特の味わいや安心感は、私もよく理解できます。

一方で、「デバイス間の同期」や「他の人との情報共有」の面では、スマホのようなデジタルツールのほうが、利便性はどうしても上回ります。

たとえばスマホなら、スケジュールやメモなどの情報を入れておけば、普段使っているパソコンにも同期されます。

また、同僚や家族とスケジュールを共有したい時には、スマホから予定を入力しておけば、お互いのスケジュールの確認や調整の煩《わずら》わしさから解放されます。

以上のようなことを総合的に考えると、多少の不都合はあっても、無駄な時間や持ち物を減らすために、これまで紙の手帳が担ってきた役割をスマホに移行していくことは、自然な流れではないでしょうか。

いま紙の手帳を使っている人が、スマホの手帳への移行を急にやろうとすると挫折します。なので、少しずつ紙の手帳の利用を減らして、徐々にスマホにその役割を切り替えていくことをお勧めします。

もし紙の手帳からスマホに切り替えたとしても、速記の必要がある場合には無理せず紙のメモを使うなど、柔軟に運用していくといいでしょう。大切なのは、スマホに完全移行なんてできない、といった思い込みを捨てることです。

スマホでスケジュール管理するにあたって、一点だけ注意が必要です。紙の手帳が良い意味で利用用途が限定的なのに対して、スマホは利用用途の幅が広く、無限に情報を収集することができます。そのため、ちょっとスケジュールを確認するだけのつもりが、つい余計なサイトまで見てしまった、知り合いのSNSが気になって仕方がない、といった誘惑があるので、これには気をつけたいところです。

06

カバンの中身を徹底ダイエットする

毎日カバンの中身を見直す

ガムをかんだ後の包み紙、買い物のレシート、会社から渡された社会保険関係の書類など、人はそれが不要なものであっても、ついカバンに入れてしまいます。それらは入れたことすら忘れられ、気づいた時にはとんでもない量になっていることも少なくありません。

そんな状況を防ぐには、家に帰ったら毎日カバンの中身を机の上に出してみることです。机の上にすべてを出すことによって、持参しなくてもよかったモノ、逆に持参したほうがよかったモノ、修理すべきモノ、捨てるモノ、タスク化すべきことなど、いろいろなことが明らかになります。健康管理のためにこまめに体重計に乗るのと同じで、意識することで自然と持ち物も減っていくことでしょう。

そもそもあらゆる可能性に備えて、カバンに必要なモノをすべて入れておくことはできません。カバンの中身を出して見直すことは、持ち物の優先順位を考えたり、不測の事態が発生した場合のシミュレーションをしたりするきっかけになります。**いつでも身軽に動ける状態でいるには、身辺の新陳代謝の習慣が大切**です。

カバンのすべてのポケットを使わない

カバンにたくさんのポケットがついていると嬉しくなり、つい普段使いの小物をいろいろなポケットに収納してしまった、という経験はないでしょうか？　これでは次第にモノが溜まっていくだけでなく、どこにしまったのか分からなくなってしまう原因にもなります。

カバンの中のモノを増やさないコツは、すべてのポケットを使いきろうとしないことです。使うポケットを絞ることによって、モノの増殖や混乱を抑えることができます。

私の場合、日常で使うポケットは主に、

- **パソコンや書類を入れておくポケット**

- 財布やスマホなど日常使う小物を入れておくポケット
- イヤホンやケーブル類などアクセサリ類を入れておくポケット

の３つです。

カバンの大きさや仕事の内容によっても変わりますが、できれば３つ、多くても５つ以内のポケットに収めることをお勧めします。細分化しすぎると、管理が煩雑になるのは、ファイルもカバンも同じなのです。「必ずココにある」という安心感が、漏れや焦りをなくしてくれることでしょう。

07
財布から現金やカードを減らす

クーポンや会員カードをギッシリ入れて、パンパンになった財布を持ち歩いている人をたまに見かけます。膨れ上がった財布は見た目にも野暮ったく、カバンに入れても重いですよね。何より、財布からお金やカードを取り出す時、「アレっ、どこいったかな」と慌てふためく姿は想像すらしたくないものです。

入れる品数が少ないほうがいいのは、カバンも財布も同じこと。

一度思い切って財布の棚卸しをして、スッキリさせてみませんか？

私の場合は、もしもの時に必要な少額しか現金を持ち歩かず、できるだけＳｕｉｃａやクレジットカードに集約するようにしています。そうすることで財布がスマートになるだけでなく、小銭を扱う煩わしさや両替の手間から解放されてかなり快適になります。Ｓｕｉｃａはスマホのアプリを利用すれば、専用カードや現金チャージも不要になります。

カード類については、まずレンタルビデオをすべてApple TVなどネットで視聴するスタイルに変えたので、レンタルビデオ店の会員カードはすべて無くなりました。

また、**飲食店などで配っている割引クーポンはもらわない**ようにしています。財布に入れるとかさばるのと、少々の割引を期待して持っているよりも、そもそも行かなければコストセーブにつながる、という発想です。最近ではクーポンも電子化してきていますが、同様の理由でスルーして振り回されないようにしています。

病院の診察券は、普段は自宅で保管しておき、本当に必要な時にだけ持っていけばいいでしょう。美容院の会員カードは、お店にお願いして特典不要の代わりに提示不要にしてもらいました。

クレジットカードも、空港でラウンジ利用できる特典のついたもの1枚のみで他には使いません。

おかげで私の財布はスマートで、買った時からほとんど型崩れもしていません。無駄のそぎ落とされた筋肉質の財布を持つことは、気持ちの面でも大変良いことです。

自然と無駄遣いもしなくなったので、金運もこころなしか上がったように感じます。

08

デスク回りをミニマル化する

デスクには今使っているモノだけ置く

デスクにはその人が表れるといいますが、私は職業柄、これまでいろいろなデスクを目にしてきました。中には、ドン・キホーテの店内のように、書類やモノが天高く積み上がっているデスクもありました。

デスクにモノが多すぎると、今何が大切なのか、今何をしているのか、といったことを見失いやすくなります。また、モノを探すなどの間接作業に時間が奪われ、トラブルが発生する原因にもなりかねません。

仕事の透明性を高め、効率的な作業環境を作るためにも、デスクの上には今進めている仕事以外のモノは置かないようにしましょう。

そのためには、モノを使い終わったら元の場所に戻す習慣付けが大切です。「後でいいや」「まとめてやろう」と思っていると、ずるずると後ろ倒しになって、結局デスクの上にモノがどんどん溜まっていくことになります。

モノが溜まると、それが無意識の重みとなって、仕事の処理速度を落とします。ときどき自分のデスクを見直してみることをお勧めします。

モノの定位置を決める

必要なモノをどこにしまったか忘れて探すのに苦労した、という経験はありませんか？

ビジネスパーソンが1年間に探しものに充《あ》てる時間は平均150時間にものぼる、といったデータがあるくらいです。探している間は何も生まないので、当然この時間は少ないに越したことはありません。

探しものに時間を奪われないようにするには、「モノの定位置」を決めることです。

一度決めれば探し回る必要がないので、かなりの時間短縮につながります。

また、探す時間だけでなく、収納時に迷う時間も減らすことができます。

理想的なモノの定位置は人によって異なるでしょうが、私の場合はノートパソコンをデスク中央に置き、右手に文具、左手にこれから実行するタスクに関する書類を処理順に並べるようにしています。

スペースが限られている場合は、資料や物品を多少積み重ねてもいいでしょう。この時、規則性無くバラバラに置かないよう気をつけましょう。

第三者がデスクを見て、何をどういう順に取り組もうとしているかが瞬時に理解できる状態が理想です。モノの定位置を決めておくことで、いざという時の初動が早くなり、様々なトラブル防止にも役立つはずです。

09 デスクトップにファイルを長期間置かない

よく使うファイルをスタートメニューに集約

ファイルの保存場所に迷った時に、あまり深く考えず適当に置いてしまい、後からどこに置いたか忘れてしまった、という経験はありませんか？

毎日使うファイルは分かりやすく、できるだけすぐに開ける場所に保存したいものです。とはいえデスクトップに保存するのはお勧めできません。プレゼンテーションの時などファイル名が他人に見えてしまうのは好ましくないですし、メモリを圧迫してパソコンの動作を遅くする原因にもなりえます（たまにちょっとした銀河系のように無数のファイルをデスクトップに置いている人を見かけますが）。

そこでお勧めしたいのが、スタートメニューでファイルを一元管理する方法です。スタートメニューによく使うファイルやフォルダを登録しておけば、キー操作だけで目的の情報まで瞬時にたどりつけるようになります。また、デスクトップにファイルを置かなくて済むので、自然と情報整理をする習慣がつくことでしょう。

私は、進行中のプロジェクト管理フォルダや名簿ファイルなどを登録するようにしています。登録したものを利用するには、［Windows］キーでスタートメニューを開き、［Tab］キーと上下キー（［↑］［↓］）で目的のファイル・フォルダを選択して［Enter］キーを押すだけです。日常よく使う情報を吟味して登録しておくと、いざという時に素早く情報にたどりつけるのでお勧めの技です。

デスクトップを一時保存場所として活用する

とはいえ、複数の場所に保存されたファイルを同時に扱っていると、頭の中が混乱してきて、どのファイルをどこに保存したか忘れてしまうといったことが起こりえます。そんな時は、作業途中のファイルを一時保存する場所としてデスクトップを利用するのはアリです。その場合は、**［Windows］＋［D］を押せば、複数のアプリケーションやフォルダが開いている状態でも、瞬時にデスクトップを開くことができます。**

結論として、作業途中はデスクトップの利用はＯＫ、作業が終了したら会社のサーバーやパソコンの所定のフォルダにきちんと格納、このような習慣付けをお勧めします。

「使い終わったら所定の位置に戻す」というのは、リアルもデータも同じです。

10

テンプレ活用で資料をゼロから作らない

Googleを使って文書のテンプレを検索する

世の中のＩＴ化は進んだとはいえ、取引先との契約書や役所への届け出文書など、実務を回していく上ではまだまだ多くの文書が存在しています。こういった文書をその都度ゼロから作っていたのでは、手間がかかるばかりか、漏れや誤りも生じやすくなります。

そんな時にお勧めしたいのが、Google を使って文書のテンプレ（テンプレート）を検索する方法です。

具体的には、検索ボックスに**「filetype:（拡張子）（スペース）（文書名）」**の規則で入力します。この場合の「拡張子」は、様々な形式を指定して検索することができます。ワードファイルであれば doc か docx、エクセルファイルなら xls か xlsx、パワーポイントなら ppt か pptx、ＰＤＦファイルだったら pdf、画像なら jpg などです。

たとえば「filetype:docx　業務委託契約書」で検索すると、契約書の作成に役立ちそうな雛形《ひながた》や例文が多数見つかるので、私もよく活用しています。社会保険の「被保険者資格取得届」のような公的文書を入手したい場合にも使えて相当便利です。

「filetype:」の左に「ハイフン」を入れて「-filetype:（拡張子）（スペース）（文書名）」と入力すると、指定した文書をあえて除いた検索結果を表示させることができます。

ちなみに私が「filetype:」を使って探すテンプレは、契約書や社会保険関係などの公的文書、見積書・請求書といった帳票類の他、テンプレではありませんが決算短信や有価証券報告書など多岐にわたります。中には二次利用が禁止されているものもあるので、著作権規定等には十分ご注意ください。

オリジナルのテンプレを作成・活用

もし、ネットで適当なテンプレが見当たらなければ、社内でオリジナルのテンプレを作ってもいいと思います。

その場合は、誤って古いバージョンを更新してしまわないよう、きちんとバージョン管理をするようにしましょう。ちなみにテンプレの利用対象は、エクセルやワード以外に、パワーポイントで作った提案資料や企画書など様々です。

【テンプレ利用の例】
エクセル：見積書・請求書など帳票類、管理一覧・マスタ、社会保険等の申請書など
ワード：契約書、案内状、プレスリリースなど
パワーポイント：提案資料、企画書、議事録など

11

MECEで資料のモレ・ダブりを無くす

いざという時に資料が見つからない、保存したはずのファイルの場所が分からなくなってしまった……誰しもそんな経験が一度や二度はあるのではないでしょうか。

人は一生のうち150日以上もの時間を探しものに充てていると言われています。誰しもそんなストレスフルな状況から解放されて、毎日を楽しく無駄なく過ごしたいですよね。

そんな時にお勧めしたいのが、MECE（ミーシー、Mutually Exclusive and Collectively Exhaustive の略）という漏れなくダブりのない思考法です。

MECEは、もともとコンサルティング業界などで論理構造を理解したり、課題を発見したりするために使われているグルーピングの技術ですが、日常のファイルや情報の整理にもかなり役に立ちます。

ＭＥＣＥの思考法でフォルダを整理する際には、私が〝家系図の法則〟と呼んでいる、〝同一フォルダ内同一切り口〟の原則に則《のっと》って整理・構造化していきます。それにより誰でも直感的に構造が理解できるようになり、情報を活用しやすくなります。また情報の漏れやダブりにも気づきやすくなります。

ちなみに、**フォルダを新しく作成する際のショートカットキーは［Ctrl］＋［Shift］＋［N］**なので、覚えておくとフォルダ整理に大変便利です。

フォルダ整理の切り口で迷ったら？

フォルダ整理に慣れないうちは、上位フォルダを「顧客」の切り口で分けるか「商品」の切り口で分けるかといった、整理の切り口で迷うことがあるかと思いますが、そのうち慣れてくると置かれた状況でうまく判断できるようになりますので、諦めずに原則を意識しながら整理していく習慣を身につけましょう。

このＭＥＣＥの思考法は、デジタル情報の整理だけでなく、紙資料の整理や、文章を要約して構造化する際にも役立つので、ぜひ覚えておいてくださいね。

■必要なファイルがすぐに見つかるフォルダ整理のルール

新規フォルダ作成 Ctrl + Shift + N

＜フォルダ内の整理のポイント＞

①切り口にそって視点・レベル感（具体度）を揃える

②互いに漏れやダブリが無い状態にする（MECE）

③並び順に意味を持たせる（時系列、重要度など）

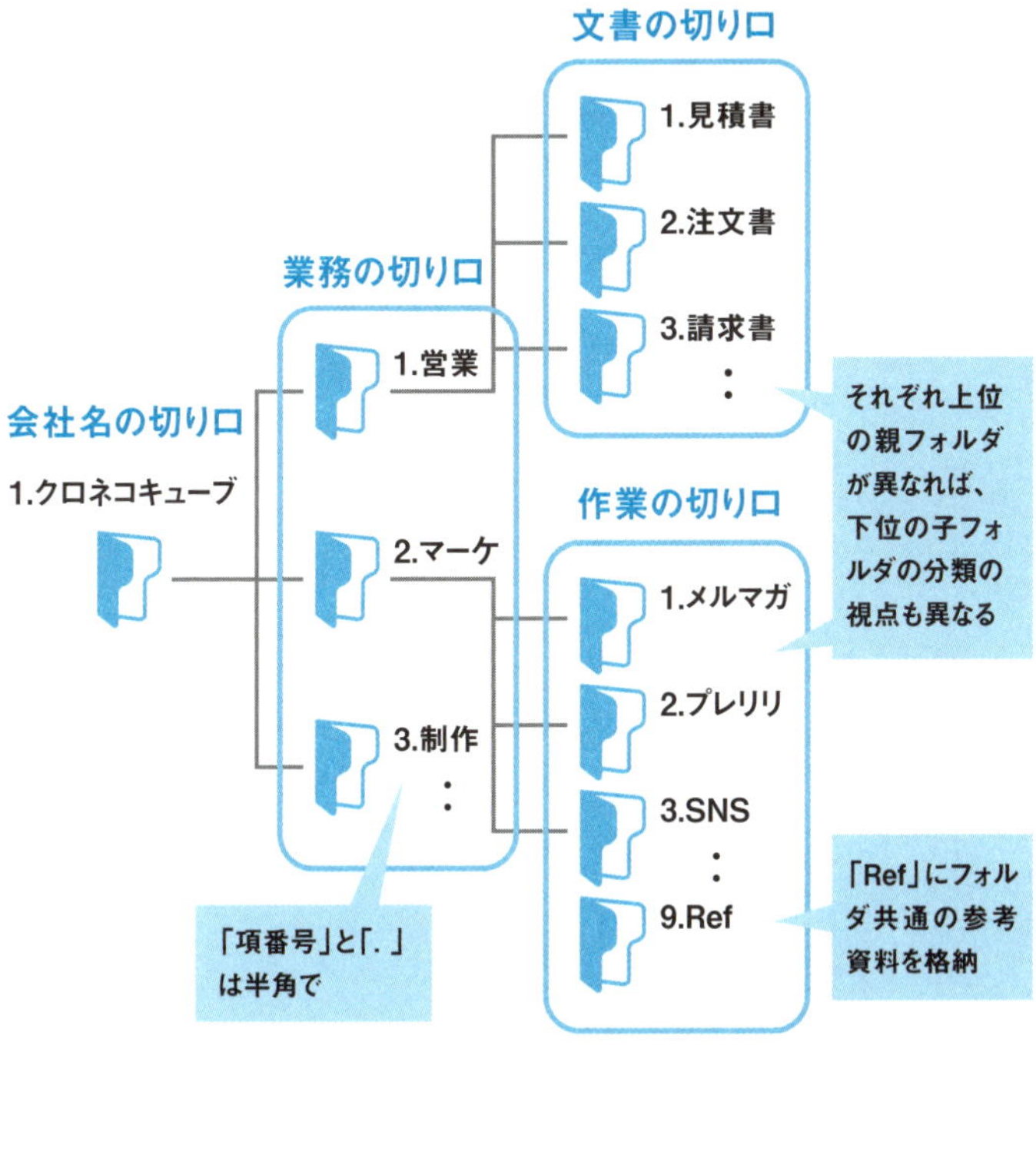

12 タスクはGmailとToDoツールで一元管理する

一元管理で漏れが激減する

私が講演先でビジネスパーソンや経営者からよく相談されるのがタスク管理の方法です。タスクはやりたいことをやるために管理すべきことの最小単位であり、その管理品質が実行力に直結する重要なテーマでもあります。

このタスクを、紙の手帳やエクセル一覧、デジタルツールなど、複数の手段で管理しようとする人がいます。しかし、管理対象が複数あると更新が追いつかず、途中で中途半端に終わってしまっているケースが多く見られます。

タスク管理は複数の手段ではなく、一つの手段で一元管理するほうが、圧倒的に漏れが減ります。私の場合は、タスクはすべてGmail付属のＴｏＤｏツールで、一元管理しています（77ページ参照）。

具体的には、まずToDoツール上に「タスク（自）」と「タスク（他）」の名称でリストを作成します。**「タスク（自）」は自分が責任を持って実行するタスク、「タスク（他）」は他人が責任を持って実行するタスク**を表します。「タスク（他）」は、他人に宛てた質問の回答待ちも含みます。

メールを使って証拠を残す

タスク管理を行うにあたっては、エビデンス（証拠）を残すため、すべてメールを使って行います。タスクの依頼者が被依頼者に対してメールを送り、それらを双方で管理します。自分のタスクを自分で管理する場合は、依頼者と被依頼者がいずれも自分になります。

依頼メールの件名は、「0920 見積作成依頼 ○○（担当者名）」のように、希望期限とタスク内容と担当者名を記します。希望期限と担当者名の件名記載は、顧客など相手との関係性によって省く場合もあります。

依頼メールを送信した後は、そのメールを選択して、[Shift]+[T]を押す（注：Gmail画面右上の設定アイコンをクリックし、「設定」→「キーボードショートカット」をONにしておくことが必要です）か、「その他（受信トレイの上部にある⋮というアイコン）」→「ToDoリストに追加」を選択することで、ToDoツールのリストに挿入されます。

依頼メールを送信する際に、Ccに自分の宛先を入れておけば、受信トレイだけでこの操作を完結させることができます。

ToDoツールのリストに挿入した後は、期限順に並べ替え、期限が過ぎれば被依頼者に対してリマインド（督促）メールを送ります。その際、ToDo上の「関連メール」のリンクを押すと、依頼時のメールが開いて内容を確認できるので大変便利です。

最初は慣れるまで時間がかかるかもしれませんが、慣れるとタスクの依頼から督促まで一連のスピードや精度が飛躍的に向上するはずです。

■ タスクはGmailとToDoツールで一元管理する

①タスク(自)・タスク(他)を作成

Gmail上でG→Kを押す→ToDoリストが開く→リスト名の▼を押して「新しいリストを作成」を選択→「1.タスク(自)」と「2.タスク(他)」を作成

「1.タスク(自)」と「2.タスク(他)」を作成

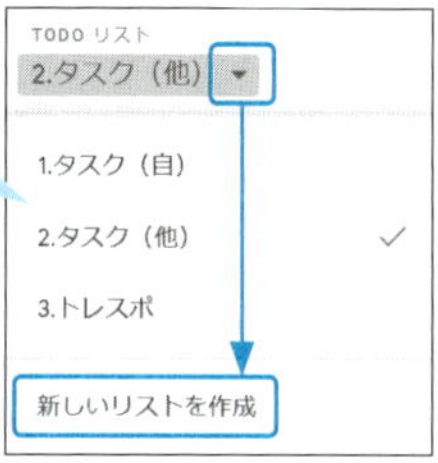

②メーラーでタスクを依頼・被依頼

件名に、期限・タスク名・担当者名

※依頼時はCcに自分の宛先を入れておく

※社外依頼時は件名に期限・担当者名は入れず、ToDoツールに挿入してから追記

【依頼メールの件名例(to社内)】

メール選択して Shift + T

③ToDoツールにタスク挿入・並び替え

メーラー上で該当のタスクメールを選択→Shift+T→ToDoツール上でタスクをクリック選択→Ctrl+shift+上下キーで操作

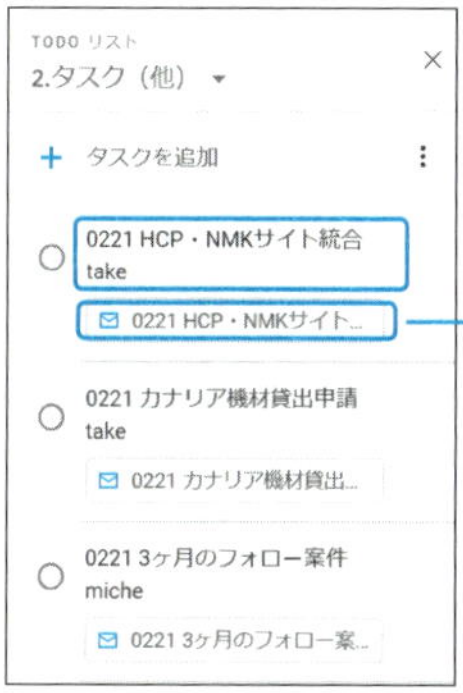

クリックすると開く

④タスクの期限が来たらリマインド

タスク下の「関連メール」を押すと、該当メールが開くので、それに上書き返信する形でリマインドメールを送る

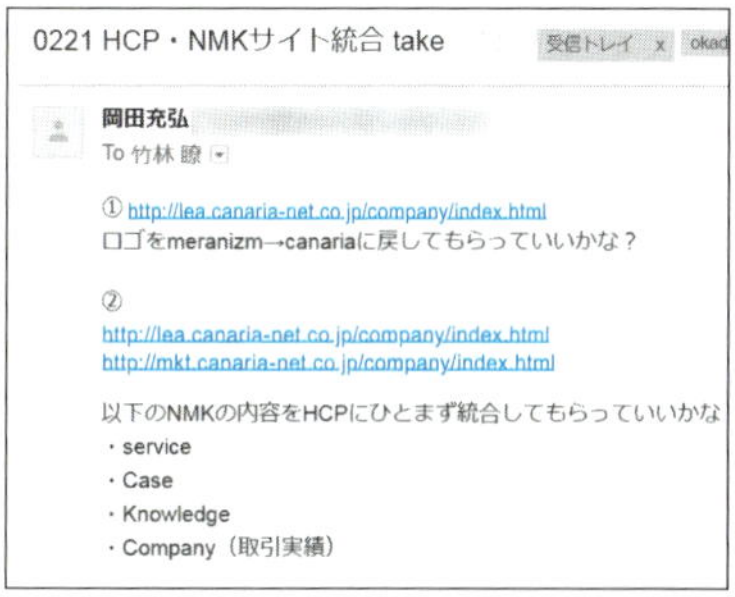

13

Googleカレンダーで公私まとめてスケジュール管理

カレンダーは一つに絞る

私たちの身の回りには、壁掛けカレンダーやホワイトボード、卓上カレンダー、スケジュール帳など、スケジュールを管理するための多くのツールが存在しています。中でも、サッと書き込めて一覧できる卓上カレンダーや、多目的に使えるスケジュール帳など、アナログスタイルのツールは、今なお多くのビジネスパーソンから支持されています。

一方で、スケジュールは常に変化することから、ツールが多ければ多いほど、書き込みの手間が膨大になり、その結果、漏れや不整合を引き起こしてしまう可能性も高まります。特に紙の手帳などのアナログツールは、個人利用や単一目的で使うぶんには大いに強みを発揮するものの、スケジュール情報を複数人と共有したり、ツール間で同期させるには、ハンディキャップを背負うことになります。

そこでお勧めなのが、日常使うカレンダーを思い切ってデジタルツール1本に絞ってみることです。私の場合は、スケジュール情報は公私ともにGoogleカレンダーだけで一元管理しています。

これらのデジタルツールでは、パソコンやスマホを使って、いつでもどこでも閲覧・更新することができ、利用権限の設定を行うことで、**会社・家族・個人間でのスケジュール共有を自在に行うことができます。**

また、目的に応じて複数のカレンダーを作成できるので、24時間の中で、公私様々な目的に時間資源の配分を計画しやすくなることから、ライフとワークをうまくバランスさせやすくなります。

会社でも「他の社員の予定が分からず、打ち合わせや私的な予定が立てにくい」「外出している間にチームや他のメンバーの予定が変わったことに気づかない」といったことが減るはずです。

■スケジュールは公私ともにGoogleカレンダーで一元管理

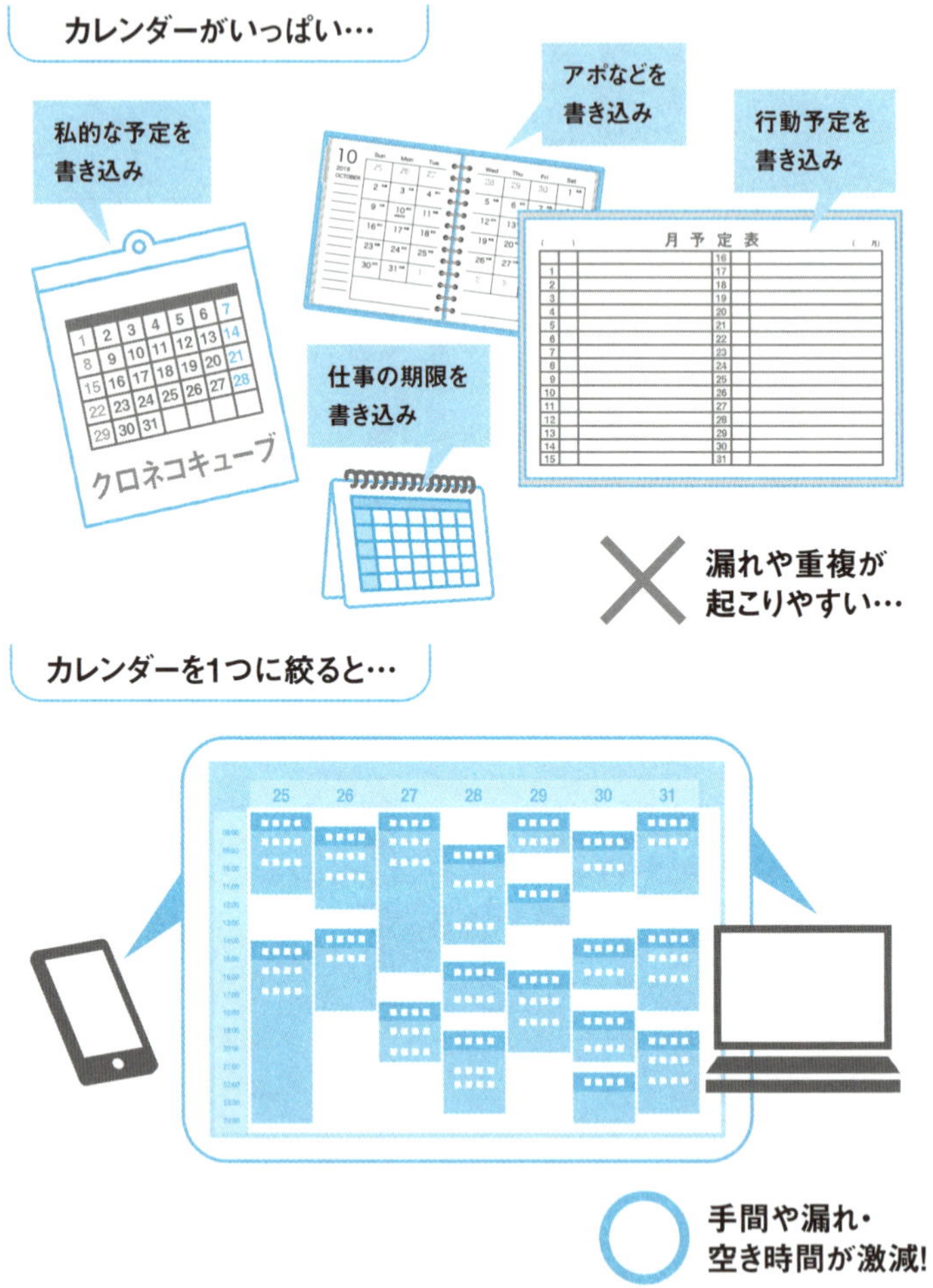

人間にとって、最も平等で、変えることのできない絶対的な資源が時間です。未来の予定だけでなく、ときおり過去も振り返ってみることで、時間の使い方や予定の立て方がよりうまくなっていくはずです。

やりたいことを全部やるためにも、シンプルなツールを使って、日頃のスケジュール管理の品質を上げていきましょう。

第3章

やりたいことを全部やるための「時間作り」編

01

「目的」「ゴール」「ステップ」を明確にして時間を無駄にしない

「目的」や「ゴール」を明確にする

時間作りが下手で、やりたいことを後回しにしがちな人に共通するのは、目的やゴールを曖昧にしたまま、行きあたりばったりで仕事を進めてしまっているところです。

この場合、「目的」とは目指す状態で、「ゴール」とは達成すべきことです。

たとえば、私が経営する謎解き企画会社のクロネコキューブを例に挙げると、理念スローガンの「ワクワクで世界を変えていく」が「目的」で、その状態を実現するには、

- **謎解きの楽しさを一人でも多くの人に体感してもらう**
- **謎解きを通して他者との協力関係を構築する**
- **謎解きによって地域を活性化させる**

この3つの「ゴール」に到達していなければならない、ということになります。

「ゴール」から「ステップ」を導き出す

到達すべきゴールを設定したら、そのゴールから逆算して、取るべきアクションやステップを導き出します。

同様にクロネコキューブのゴールを例にすると、以下のようなステップが考えられます。

【ゴール1】 謎解きの楽しさを一人でも多くの人に体感してもらう

【ステップ】

- 楽しさが伝わる分かりやすいホームページを作成する
- 積極的にプレスリリースやSNS・メルマガ等の情報発信を行う
- PRイベントや人的なつながりを通じて直接的に誘っていく

【ゴール2】 謎解きを通して他者との協力関係を構築する

【ステップ】

- 一人の知識や持ち時間では解けないようにゲーム設計を行う
- 当日の運営スタッフがチームでクリアすることを促す

- クリアしたチームを表彰する

【ゴール3】 謎解きによって地域を活性化させる

【ステップ】

- 地域の店舗運営者にゲーム企画から参加してもらう
- 地域で関連消費が生まれるようなゲーム設計にする
- 当日の運営スタッフとして地域の人に協力を依頼する

仕事でもプライベートでも、アイデアを絵に描いた餅《もち》で終わらせないようにするには、日頃からゴール設定からステップまで落とし込む癖をつけることです。

そして、そのステップはタスク化して管理することで漏れを防げます。まずは身近なアイデアから始めてみてはいかがでしょうか？

02 やりたいことのために、やらないことを決める

「緊急度」「重要度」「必要工数」で整理

やりたいことをやるために、「目的」「ゴール」「ステップ」を明らかにすることを前項でお伝えしましたが、ゴールから逆算してアクションやステップを割り出していく際に、慣れないうちは張り切りすぎて不要なステップまで抽出してしまったり、ステップの切り方が偏ってしまうことがあります。

そんな時は、あらかじめやること・やらないことの基準を決めておけば、ステップの無駄打ちを減らすことができます。

基準を決めるにあたっては、「緊急度」「重要度」「必要工数」の切り口で整理して、以下のように優先順位を決めてみてはいかがでしょうか。

①重要度が高い、緊急度が高い、工数が多い／少ない ↓すぐ取り組む
②重要度が高い、緊急度が低い、工数が少ない ↓後で取り組む
③重要度が低い、緊急度が高い、工数が少ない ↓即時に処理する
④重要度が低い、緊急度が高い、工数が多い ↓時間があればやる
⑤重要度が低い、緊急度が低い、工数が多い／少ない ↓やらない

①→⑤が優先順位の高い順ですが、物事のステップはこの順番に並んでいるとは限りません。逆に、「降順」でステップが並んでいる場合、あまり深く考えずに④⑤から始めてしまう人がいますが、これらは切り捨ててしまっていい場合が多く、実際には①②③のみに取り組むのが理想的でしょう。

「重要度」が低いものは大胆に捨てる

ポイントとしては、すぐに済むからとやみくもに進めてしまうのではなく、「より重要度が高い（＝付加価値が高い）ステップやタスクは何か？」を意識することで、目的到達までの大幅な時間短縮につながります。

逆に言うと、**多くの人はそれだけ重要度が低い（≒付加価値が低い）ことに、ずいぶんと時間や意識を取られてしまっている**場合が多いのです。

また、先にやらないことさえ決めてしまえば、あとはやることしか残らないので、自然と迷いが減って、行動に移しやすくなるはずです。

もし①から⑤までの優先順位を思い出すのに苦労するようであれば、初めのうちは「重要度」＞「緊急度」とだけ覚えておき、それ以外のステップは大胆に捨ててしまうのも一つの方法です。そのうち慣れて瞬時に優先順位付けの判断ができるようになるでしょう。

どうやって効率的にやるかの前に、先にやらないことを決めてしまいましょう。

03

仕事の見積時間にバッファを仕込んでおく

“変数”が多ければバッファも多く取っておく

関係者の多いプロジェクトや仕事は、たいていスケジュールが延びがちです。

理由として、偶然の出来事や、想定外のトラブルなど、いろいろあるとは思いますが、結果として遅れは遅れです。それによって大きなチャンスを逃してしまったり、時には大きな損害につながることさえありえます。

そういった状況にならないようにするには、スケジュールにあらかじめバッファを設けておくことです。バッファとは「余裕」や「緩衝《かんしょう》」を意味します。要は時間のへそくりみたいなものです。これがあることで、想定外のことが起こった時でも、心に余裕を持って対処できるようになります。

いつも納期間際でバタバタしている人は、このバッファを設けず、スケジュールをギリ

ギリで見積もっている場合がほとんどです。

どのくらいのバッファを設けるかは、その仕事にどのくらいの〝変数〟が含まれているかによります。変数にはたとえば以下のようなものが挙げられます。

- **自分の知識や経験（自分を過大評価していると当然スケジュールは延びます）**
- **関わる人・会社の特性（自分は時間を守っても、関わる人や会社によっては……）**
- **想定外の外的要因（いつ天災・事件・事故が起こらないとも限りません）**

当然、変数が多ければ多いほど、多めにバッファを取っておくことになります。そして日頃からこれらの変数に気を配っておくと、予想と現実とのギャップが少なくなり、バッファを食いつぶさなくて済みます。

紙一重で生き残る人とそうでない人の境目

ただし、人に仕事を依頼する場合には、バッファを仕込んでいることをあまり言わないほうがいいかもしれません。バッファに甘えて、本当に遅れられてしまったら、元も子もないからです。

このバッファの考え方は大きなプロジェクトでスケジュールを立てる場合にも、応用できます。私もこの先プロジェクトをマネジメントする機会があるので、あまり種明かしをしたくないのですが、密かに要所要所でバッファを取るようにしています。

〝変数〟が多い世の中なので、時間でもお金でもバッファを設けておくことは大切です。周りを見ていて思うのですが、いつもギリギリのところで**紙一重で生き残る人とそうでない人との境目**は、意外とそういうところにあるのかもしれません。

04

ゴールを阻む要因を事前に排除する

仕事は自分が思い描いた通りのスケジュールで進むとは限りません。むしろ長期のプロジェクトなどであれば、何かあって当然です。

きっと途中で、予想外のいろいろな出来事が起こることでしょう。

そんな中、スケジュール内にバッファをとっておくことも有効ですが、そもそもゴールを阻みそうなものを事前に排除しておくに越したことはありません。**可能な限り事前にすべて洗い出して、個別に手を打っておくことで、ゴール未達のリスクはずいぶんと減る**はずです。

そこで、ゴールを阻む代表的な3つの要素と、その対応方法を以下にご紹介します。

前提条件を勘違いしている

社会人経験の少ない人に多いのですが、結果が思わしくなかったり、なんとなくゴールから遠ざかっているように感じられたら、そもそもの仕事の前提条件を勘違いしている可能性があります。進捗《しんちょく》途中で違和感を覚えたら、ときどき前提条件を振り返るようにしましょう。

人的などんでん返しを受ける

プロジェクトの最終局面で、関係者やキーマンにひっくり返されるというケースをこれまで何度も見てきました。そのほとんどが、彼らへの報告・合意形成をマメに行っていれば防げたものばかりです。

時間に迫られると、このあたりをないがしろにしがちですが、最初から最後まで個人で完結できる仕事というのは世の中にほぼ存在せず、必ず何らかの人との関係性の上に成り立っていることを、肝に銘じておかなければなりません。

ゴール直前で品質上の問題に気づく

ゴール直前で、仕事の品質不良に気づいてしまうことがあります。こういった場合では、やり直す時間が無いケースがほとんどです。その結果、多少のごまかしを加えてそのまま納品することになりがちです。

仕事の品質不良は、トラブルやクレームの原因になります。またトラブルは連鎖するもので、結果として大きな時間を奪われることになります。そうならないようにするには、日頃より品質基準を高く保ち、定期的に品質確認を行う機会を設けていくしかありません。

以上、ゴールを阻む3つの要因を念頭に置いて、普段から早めに手を打っていけば、余計な時間を奪われることなく、手元により多くの可処分時間が残ることでしょう。

05

最悪に備えた代替案を用意しておく

仕事において楽観主義であることは、自分を前向きに前進させる力を与えてくれます。しかし、楽観的すぎると、それはそれで危機意識に欠けてしまう要因にもなりえます。そこで、楽観主義でありつつも、最悪に備えた代替シナリオも用意しておくことで、よりゴール達成の確率を高めることができます。

以下に、備えるべき3つの最悪な状況と、その代替シナリオを紹介します。

人的な要因による最悪な状況

仕事の関係者が急に欠員したり心変わりしてしまうことは、残念ながらよくあること。普段から代替策や代役を準備しておくことで、もしもの時に慌てないで済むようにしておきましょう。私が経営する会社もかつては人の問題で悩まされていましたが、今はみなが複数の業務をこなせるため、誰かが急に休んでも他の人が補える体制がとられています。

時間的な要因による最悪な状況

時間を甘く見積もったことで遅れが生じたり、逆に間に合わせようとして品質を落としたりすることは絶対避けたいもの。「時間がどうしても無くなってしまった時に、何をやめ、何を変えるか」をあらかじめ決めておけば、心の余裕はずいぶんと違ってくるはずです。

金銭的な要因による最悪な状況

「予想より早く資金が尽きた」「トラブルで想定外の支出が発生した」など、お金にまつわるトラブルは尽きません。いろいろな状況に備えて「もしもの時に何を売るか」「どの支出を止めるか」「お金無しでもしばらくしのげる方法は?」といったことを想定しておけば、お金が原因のゲームオーバーの確率を少しでも減らすことができます。

これらはすべて、私の実体験に基づいています。最悪な状況に備えて常に代替策を用意しておくことで、これまで何度も最悪な結果の一歩手前で回避することができました。

とはいえ、日頃から最悪な状況ばかり考えていると、一歩が踏み出せなくなるので、**前向きな思考と危機感を持つこととのバランスが大切**です。

06 やたらと選択肢を増やさない

何らか判断をしないといけない時に、やたらと選択肢を増やしてしまう人がいます。あれもしなきゃ、これも考えておかなきゃと、不安が大きくなるにつれて、頭の中がどんどんいっぱいになっていきます。こんな調子では即断なんてとてもじゃないけどできません。

判断スピードを速くしようと思うなら、やたらと選択肢を増やさないことです。選択肢が少なければ少ないほど、判断に要する時間は少なくて済みます。

私は日頃、身の回りのあらゆる選択肢が自然増殖しないように気をつけています。身近なもので言えば、普段着る服の品数は少なく、その色もほぼ黒と決まっています。またシャンプーや整髪料などの消耗品は銘柄が決まっていて、定番品をまとめ買いします。

その他には、カバンや財布の中身は秒速で取り出せるよう極限まで中身を減らしていて、文具などもパソコン・スマホがあれば十分なのでごくわずかしか所持していません。

さらには、自分の部屋には本がほとんどありません（ビジネス書を書いておいて言うのもなんですが）。買って読み終えたらすぐに売ってしまうのです。どうしても必要になればまた買えばいいという発想です。大切なことに十分な時間を使って集中するため、集中力や時間を奪う可能性があるものは、徹底的に排除しています。

仕事における判断でも、3つの選択肢から選ぶのと10以上の選択肢から選ぶのとでは、考慮すべき与件もそれを熟慮する時間も指数関数的に変わってきます。しかも実際には考慮すべき価値ある選択肢なんてせいぜい上位3つくらいだったりします。

であれば、**たくさんの選択肢から判断するのも、優先順で上位3位くらいから判断するのも、結果はそう大きく変わらない**はずです。むしろ、後者のほうが効率的で合理的な判断術と言えるでしょう。

仕事も人生もいわば選択で成り立っています。せめて衣食住などの「日頃の選択肢」や仕事中に生じる「有事の選択肢」は、日頃から上位3位までと決めて、いたずらに増やさないようにすることをお勧めします。

07
判断基準を明確にして、迷う時間を根絶させる

仕事をしている時間の内訳は、実は意外と着手後の実作業よりも、着手する前の判断にかける時間のほうが長かったりします。したがって、判断の速さが仕事のテンポを速めることにつながるのですが、判断の基準をあらかじめ明確にしておくことで、この速度を劇的に速めることができます。

判断基準としては、「倫理観」「社会的意義」「好奇心」「便益」「実現性」、概ねこの5つの視点で、ほぼあらゆる状況を網羅できるでしょう。それぞれの視点で、どのような基準にするかは絶対的なものはなく、それぞれの価値観で決めればいいと思います。

以下に判断基準の視点とその解説を記載します。※（　）内は筆者の基準例

倫理観　人としての道から外れていないか（誰かを傷つけないならGO）

社会的意義　社会的にやる価値があるか（何らかの社会課題を解決するならGO）

好奇心　自分が心から興味が持てるか（面白くてカッコイイことならGO）

便益　そこに便益や利益があるか（時間とお金が生まれるならGO）

実現性　現実的に成立しうるか（60％できそうならGO）

私の場合は、「倫理観」は当たり前として、「好奇心」の軸が特に強いようです。実際に自分の過去の判断を振り返ってみても、面白いか否かで直感的に決めてきたところがあります。

会社設立についても、誰と組むかについても、何の事業に取り組むかについても同じです。たいてい初めに「好奇心」が動き、その後に「便益」「社会的意義」「実現性」の順で価値観と照らし合わせながら判断してきたように思います。

これまで判断力が原因となるトラブルを数多く見てきました。その時その場で判断できないことが思わぬ遅延を生み、その対応がさらに後手に回って、最悪の場合は取り返しのつかない状況に至ります。

これは**知性やスキルの問題ではなく、日頃の内省不足が問題です。毎日少しでも自分の好き嫌いや得意不得意を振り返る時間をとることで、次第に「判断の型」が育まれていく**ことでしょう。

08

直感を磨いて判断時間を大幅に節約する

仕事をしていると、自分の判断基準は明確でも、情報が足りないために、その場でどうしても判断できない状況に出くわすことがあります。またそんな時に限って、その時その場で判断しなければ、千載一遇《せんざいいちぐう》のチャンスを逃したり、最悪のピンチに陥りかねない状況だったりします。

そんな時は、思いきって**自分の直感に完全に委《ゆだ》ねてみると案外うまくいく**ものです。

「直感＝当てずっぽう」というイメージがあるかもしれませんが、直感はあなたが気づいていないことを不思議とすでに知っていたりします。

直感はヒラメキとも呼ばれ、右脳が持つ機能の一つですが、右脳は他にも、図形や映像の認識・記憶など、左脳をはるかにしのぐ情報量を瞬時に処理することができます。したがって、直感を使いこなすことで、仕事のテンポは格段に速くなるのです。

直感は、概ね「人」「チャンス」「危険」にまつわる判断をする際に使うことができます。

直感を使って人を見極める

肩書きや実績にまどわされることなく、直感を使ってその人自身の能力や特徴、人間性をじっくり観察しましょう。また、見極めた後の自分との相性が大切で、これを軽く見ていると、後で大きなしっぺ返しがあるので注意します。観察のコツは、言葉よりも行動や振る舞いに注目すること。きっといろいろなシグナルが出ているはずです。

直感を使ってチャンスを嗅ぎ分ける

誰しもチャンスを得たいと思っているはずですが、世の中そううまくはいきません。唯一コツがあるとすれば、目先の利益を追うのではなく、「それは世の中にとって長期的にいいことなのか？」という視点を持つことで、応援者も増え、本物のチャンスを嗅ぎ分ける直感（嗅覚）が研ぎ澄まされることでしょう。

直感を使って危険を察知する

経済的な損失やキャリア・信用を失うなど、危険の形は様々です。できれば事前に察知したいところですが、うまくいっていない人の多くはそれがその後どうなるのかといった想像力に欠けるようです。

また信頼できない人と距離をおくのと同時に、うますぎる話にも注意が必要です。私もこの直感のおかげで、致命的な状況から何度も逃れることができました。

よく「思考」と比較されますが、この「直感」を使いこなせると、素早く大胆な判断が行えるなど、良い面がたくさんあります。ぜひバランスよく織り交ぜて活用していきましょう。

09

時間を奪う要素を身の回りからなくす

モノや情報は、もちろん本来何らかの目的があって所有するわけですが、もしそうでなければ、将来的にあなたの大切な時間を奪ってしまう可能性があります。

たとえば資料一つとってみても、

①手に入れる
②整理する
③保管する
④内容を確認・活用する
⑤廃棄の許可を得る
⑥廃棄する

といったように、ざっと6つの工程が思い浮かびます。

ここで真に価値を生んでいるのは、④だけです。

そんな中、**二大時間食い虫の巣窟《そうくつ》と言ってもいいのが「自分のデスク」と「パソコンの中」です。放っておくと知らず知らずのうちに中身が増殖していくのが特徴**です。

いかがですか？　誰しも少なからず心当たりがあるのではないでしょうか。

もちろん、私にもあります。

これらは、ちょっとした発想の転換と勇気を持つことで、大幅に減らすことができます。

以下でその方法についてご紹介したいと思います。

自分のデスク

前にも述べたように、私は今から取り掛かる作業に関係のないものは、基本的にデスクに置かないようにしています。

また、オフィスはフリーアドレスのため、そもそも個人用のデスクやキャビネットがありません。あるのは共用で使えるものだけです。それにより文具や書類が溜まることを抑制しています。

そもそもパソコンを多用するので文具をあまり使いませんが、消耗品が少ないことで、購買や承認など間接業務にかかる時間を大幅に節約できています。

パソコンの中

実はパソコンは便利なようで、使い方を間違えると時間を奪う要素に満ち溢れています。特に**自分が普段使っているパソコンの中は他人からは見えないので、ついつい無駄な情報を抱えがち**です。ファイルを共有サーバーに置いたり、検索してその都度必要情報を呼び出すなど、パソコンのローカルディスクに情報を溜めない仕組み作りが必要です。

ちなみに私はスタートメニュー上で情報を管理していて、デスクトップにファイルは何も置かないようにしています。

他にもいろいろ時間を奪う要素はあるかもしれませんが、これら二つの場所の無駄を集中して減らすことによって、ずいぶん時間の余裕ができてくることでしょう。

10

仕事の過剰品質に気を配る

過剰品質が長時間労働を生む

「蛇足《だそく》」という言葉を聞かれたことがあると思います。

はるか大昔、中国の楚《そ》の国で蛇の絵の早描き競争が行われた際に、最初に描き上げた人がつい足まで描いてしまったため、一番を逃してしまったという話に由来する「余計な付け足し」「無用なもの」の意味で使われる言葉です。

私は日本人の生真面目すぎるところが、まさにこの蛇足を生む原因になっていると思っています。仕事に一生懸命なのはいいことですが、没頭するあまり、その仕事の目的や価値に見合わない時間を投じてしまうのは本末転倒です。

つまり、過剰品質な仕事がいたるところに存在しているのです。そのあたりが日本で長時間労働を生んでいる最大の原因ではないでしょうか。

ちなみに、ドイツ企業は、一般的に日本企業よりも生産性が高いとされていますが、彼らは製品品質やデザインにはこだわるものの、資料作成や管理業務は必要最低限に留めるなど、実際にはいい意味で手を抜いています。要はメリハリの問題です。

「過剰品質＝過剰成果」にあらず

われわれが、過剰品質な仕事に陥らないようにするには、以下のことを強く意識する必要があります。

- **仕事の目的とゴールを正しく理解する**
- **仕事の価値を理解する**
- **投じる時間や労力を想定する**

これらのことを意識した上で、何に最もこだわるか、完成度をどこまで上げるかを判断して最大の成果を上げていくことが、個々人の腕の見せ所ではないでしょうか。

たとえばサッカーの世界には、90分＋数分のアディショナルタイムという等しい時間条件の中で、自腹で草サッカーに勤《いそ》しむ人もいれば、大金をもらって世界最高峰のプロサッカーチームで脚光を浴びる人もいます。

つまり、限られた時間でも、工夫と改善の積み重ね方によっては、到達できる高みに限界はないということです。これはスポーツだけでなく、仕事にも当てはまるはずです。考えてみると、スポーツの競技時間はみなに等しく与えられているのに、仕事だけが残業申請すれば、自由に時間が与えられるのもアンフェアですよね。

私がかつて勤務していた外資コンサルの世界でも、長時間労働と過剰品質の問題は暗黙の共通認識として存在していました。極端に言えば、成果にそれほどつながらないところまで、分析しすぎるし、資料を作りすぎるのです。最近では労働時間の問題はずいぶん是正されてきているようですが、売上はむしろ伸びているといいます。

過剰品質は過剰成果ではありません。**無意識のうちに仕事の蛇足が増えてしまわないよう、普段から気を配っていきましょう。**

11 集中できる時間・場所で仕事を一気に片付ける

集中力は一度途切れると、元に戻すのが大変

スピーディーに仕事を仕上げるために集中力は欠かせません。集中している時とそうでない時とでは、仕事の効率は何倍、いや何十倍も変わってくることでしょう。

一方で、急な電話が入ったり人に話しかけられることで、集中力が途切れてしまった経験は誰しもあるのではないでしょうか。集中力は一度途切れると、また元のレベルに戻すのに時間がかかります。したがって、集中力はできるだけ長く持続できるほうが、時間効率的にも望ましいでしょう。

集中の方法は人によって異なり、それぞれに適した時間や場所があります。
以下に、参考として私の例を紹介します。

時間

人が集中できる時間はそう長くはありません。これにはいろいろな説があって40分とも90分とも言われています。私の場合は朝方5〜7時のうちの正味60分ほどです。時間帯については、人によっては夜中遅くの場合もあるでしょうし、時間的に追い詰められると集中力が湧いてくる人もいるでしょう（あまりお勧めはしませんが）。

場所

私の場合は、通勤電車やタクシーの中など、狭い場所では集中できません。声の大きいお客さんがいるカフェや、新幹線の中なども会話が耳に入ってきて集中できません。珍しいところでは、景色の綺麗な宿泊施設やビーチ近くのリゾート地なども、逆に開放的な気分になってしまって集中できなくなります。

私はどうやら、人があまりいないカフェや自宅の部屋、ビジネスホテルなど、適度に隔離された空間が、最も集中できるようです。

また、同じ場所に飽きてきたら、それらの間を移動することで、集中時間を多少は延長できることを自分で知っています。

その他にも人によっては、図書館や屋外に停めた車の中など、集中できる場所は本当にまちまちのようです。

場所以外にも、「集中時間を周囲に宣言する」「携帯電話を切る」「不要なパソコンのアプリを閉じる」といった方法もあるようです。

みなさんもぜひ自分に合った集中方法・集中場所を見つけてください。

12
裏技感覚で楽しみながらショートカットキーを覚える

パソコン操作にマウスを使うと複雑な機能を直感的に扱える一方で、動きが曲線的になる分、直接キー入力するキーボード操作と比べると、わずかに時間がかかります。

あなたがすでにパソコン操作に慣れていて、さらに時間を節約したいと思うならば、キーボードを使った幾つかのショートカットキーを覚えることをお勧めします。**日常よく行う作業でショートカットキーを使えるようになれば、驚くほど時間を節約できる**ようになります。

とはいえ、何が何でもショートカットキーを使って作業しましょう、という意味ではありません。当然ショートカットキーに向いている作業、向いていない作業があります。

たとえば、CADやグラフィック、パワーポイントなど、ドロー系の作業は、曲線を自在に描くことができるマウス操作のほうが向いています。

一方で、ワードやエクセル、メーラーなどは、テキスト入力とカーソル移動が中心であるため、ショートカットキーを中心としたキーボード操作だけで完結できてしまいます。また、アプリケーション間の「画面遷移」や「機能実行」もショートカットキーと相性が良いと言えるでしょう。

ネットサーフィンは、ブラウザの仕様上どうしてもマウスを使いますが、最近ではショートカット機能も充実してきているので、徐々に減らしていくことができるでしょう。

かつて私が勤めていたコンサルティング会社では、若手コンサルタントはThinkPadの真ん中についているマウスボタン（通称：赤ポチ）を取りあげられ、ひたすらショートカットキーを覚えさせられたものです。これは少し極端な例かもしれませんが、それだけショートカットキーの使い方一つで日々の生産性が大きく変わってくるということです。

最初はキーを覚えるのに時間がかかるかもしれませんが、できれば**毎日1個ずつ、ゲームの裏技を覚える感覚で楽しみながら続けていけば、やがて筋トレと同じく成果が目に見えて表れてくる**ことでしょう。努力はあなたを裏切りません。

■ 意外とよく使うショートカットキーベスト10

OS（Windows）

区分	内容	ショートカットキー
テキスト編集	フォントのサイズ変更（ppt・doc）	文字選択して Ctrl + Shift +「<」または「>」
画面遷移	フォルダのアドレス(パス)選択	フォルダを開いた状態で Alt + D
	表示サイズ変更（MS オフィス共通）	Alt → V → Z
機能実行	ファイルのプロパティを開く	ファイルを選択して Alt + Enter

ブラウザ（Chrome・IE）

区分	内容	ショートカットキー
画面遷移	タブの移動	Ctrl + Tab
	履歴を表示	Ctrl + H
	ページ画面の拡大・縮小	Ctrl +「+」または Ctrl +「−」

メール（Gmail）

区分	内容	ショートカットキー
画面遷移	受信トレイを開く	G + I
機能実行	メールを ToDo リストでタスク化する	メールを選択して Shift + T
	既読にする	メールを選択して Shift + I

13 雑務を身近な人にプチアウトソースする

人間でなければできない雑務はけっこうある

法律で決まっている、物理的にどうしようもない、インフラが整っていないなど理由は様々ですが、いくらＩＴ化や業務の標準化によって減らしても、雑務は細かいところではどうしても出てくるものです。

たとえば、「溜まった名刺の入力」「インタビューテープの文字起こし」「撮影画像の切り抜きとその境界線の処理」「作成資料の〝てにをは〟やレイアウトのズレの確認」などの雑務は、いずれも意外と時間がかかります。

こういった雑務に対して、ＯＣＲ（光学文字認識）や音声入力などアプリケーション機能で対応を完結できたらいいのですが、まだ完璧でないところもあり、結局、後から人間が修正作業をしていたりします。

そんな時に、つい「自分でやったほうが早い」と思って、一人で抱え込みすぎて、結局間に合わないか、心身ともに押しつぶされてしまう、といったことが後を絶ちません。がんばり屋のリーダーにありがちなパターンです。

もしあなたが、問題解決や創作的な活動など、より本質的な仕事に集中したいと思っているのであれば、なおさらこういった雑務に振り回されるのは避けたいものです。

協力者に期待しすぎない

そこでお勧めしたいのが、身近な人に雑務を〝プチアウトソース（軽めの外注）〟するという方法です。プチアウトソースする相手は、自分の家族や友人、友人の家族、知り合いの学生さんなど、気心の知れた身近な人がいいでしょう。

「クラウドソーシングじゃだめなの？」と思われる方もいるかもしれません。もちろんその選択肢もあるでしょう。ただ、まったくの他人よりも、身近な人のほうが最初の自己紹介や相互理解にかかる時間を省け、意思疎通がとりやすいのではないでしょうか。また、お金を払うことで相手に喜ばれ、長期的な関係構築にもなりえるなど、好循環が生まれるきっかけになります。

プチアウトソースを進めるにあたっては、作業手順や納期、お礼の方法などを、あらかじめ決めておき、先方から快く合意を得た上で（ここが重要）、メールや郵送で依頼します。

ここで気をつけないといけないのが、**プロに頼む時と違って、品質のレビューや最終的な完成責任は自分にある**ということです。そこを忘れて協力者に期待しすぎて、険悪な雰囲気にならないように注意してください。

実際はあなたが思っている以上に、時間やスキルを持て余している人はいるものです。それらの人にとって、あなたのお願い事は意外とお安い御用だったりします。頼み事の時だけ親切にするのではなく、日頃から身近な人に対して関心と敬意を持ってお付き合いするようにしましょう。

14 多様なコミュニケーションツールを使い分ける

かつて電話とＦａｘが主流であった時代があったなんて、まるで嘘のようです。携帯電話の登場でさえ、はるか昔のことのように感じます。

現在はスマホやメールの他、SkypeやＬＩＮＥなど、数多くの新しいコミュニケーションツールが誕生してきて、それぞれが今なお進化し続け、私たちのライフスタイルやワークスタイルに大きな影響を与えています。

一方で、固定電話やＦａｘなど、いまだに古いツールも存在しており、結果として多くのツールが入り乱れた状態になっています。したがって、利用する側は、状況や目的に応じてコミュニケーションツールを使い分ける力が必要になってきます。

たとえば電話であれば、文書で説明することが難しい場合や感情を言葉に乗せて伝えたい場合に適しています。質疑や議論など、やりとりが同期的に行えるのも電話の特長です。

一方で、非同期の良さを活かしてやりとりが行えるのがＦａｘとメールです。Ｆａｘは相手にメール環境が無い場合や、特定場所での注文受付など紙で出力されることに意味がある場合には有効ですが、それ以外ではメールにすっかりその座を奪われてしまいました。

メールは今なお、社内外とのやりとりに欠かせないコミュニケーションツールであり、記録性が求められる場合や、異なる時間で非同期のやりとりをしたい場合、資料や画像を電子ファイルで送りたい場合などに大変役立ちます。

そして、電話の同期性とメールの非同期性の良いところをとったのが、SkypeやMessenger、ＬＩＮＥなどに代表されるチャットツールです。チャットツールはメールよりも簡易に扱えて、相手からの比較的早い回答を期待できます。また、社内の業務連絡やプロジェクトメンバー間の連絡ツールとしても効果を発揮します。最近では心理的なハードルが下がって、お客様との連絡や意思疎通にも使われるケースが増えてきています。

私はこれらに加えて、スマホのＳＭＳを家族や会社の役員といった最も身近な人とのコミュニケーションに利用しています。

目的を最短で達成するためにも、相手の都合・状況を考えて、多様なコミュニケーションツールをうまく使い分けられるようになりましょう。

15

メールを情と理で巧みに書き分ける

チャットツールやSNSがビジネスシーンで利用されるようになってきたとはいえ、いまだ多くの企業では中心的なコミュニケーションツールとしてメールを利用しています。

一方で**メールの使い方を会社で誰かに教わることはなく、個々人が独学で身につけたやり方で運用している**のが現実です。考えてみると、業務目的で利用され、仕事の重要な岐路を分かつ場合もあるのに、会社でトレーニングされないというのもなんだかおかしな話です。１９９５年にWindows95が登場して以来、急速にパソコンがオフィスに普及しましたが、企業内に体系立って教える人やノウハウが十分に存在しておらず、今もってその状況が続いてしまっているということなのでしょう。

話をメールに戻しますが、毎日送られてくるメールの中には、何度もスクロールをしないと読めない**「長文だらだらメール」**や、言葉足らずの**「無愛想メール」**、言葉は丁寧だけど中身が無い**「堅苦しすぎるメール」**など、受け取り手への配慮に欠けるものも散見します。最近ではむしろそちらのほうが多いかもしれません。

たった1通のメールであっても、何かが生まれるチャンスかもしれないと思って、できるだけ相手に伝わる、効果的な書き方をしたいものです。

仕事におけるメールの書き方は、その目的が相手の理解を得るためなのか、共感を得るためなのか、によっても変わってきます。情と理の使い分けです。

たとえば、相手の共感を求めたり、動機付けを促すような場合であれば、短いながらも情感のこもった文章のほうがより力強く伝わるでしょう。相手が期待している内容、褒められて嬉しい箇所を察知して、言葉を尽くしていきましょう。

一方で、指示内容を明確に伝え、次の作業に速《すみ》やかに移ってほしい場合には、簡単な前説を入れてから、段落番号を使ってアクション項目を列記していくと分かりやすくなります。複雑な指示内容であっても、この方法を使えば、やるべきことが構造化され、ミスや漏れが少なくなるのでお勧めです。

相手の状況や気持ちを考えて、情と理をうまく書き分けられるようになりましょう。

■2種類のメールを書き分ける

共感を得るためのメール

今日の報告会では、
お客様から●●さんへの信頼感の高さがうかがえました。

来週はいよいよ最終報告会になりますが、
いい仕上げをして、終わったら祝杯をあげにいきましょう！

理解を得るためのメール

お客様の社内計画のため、本件を早急に完了する必要があります。ついては、以下のネクストアクションをよろしくお願いします。

＜ネクストアクション＞
①情報収集する　〆 9/10
②企画をまとめる　〆 9/17
③実行完了する　〆 9/21

16 社内メールは極力簡潔に済ませる

メールはいまだに時間泥棒

仕事で使える様々なアプリケーションが登場して効率化が進んでも、いまだに多くの人がメールの処理に多くの時間を奪われていると聞きます。メールの量だけでなく、書き方や商習慣の面でもいろいろと問題があるようです。

たとえば、「まず最初にお話ししておかないといけないのは……」といった感じの前置きがやたら長いものや、「明日は雨が降ったら会議をしましょう」といった論理的に飛躍しているものまで様々です。

ただでさえメールの量が多い中で、こういった長文を読み解いたり、飛躍した話のつじつまを合わせて理解するのに時間が奪われるのは、是が非でも避けたいところです。

一言、二言で済ませる

要点や責任の所在が曖昧なメールも、相手の時間を奪います。

お客様へのメールは別として、せめて社内でのメールのやりとりは極力簡潔に済ませたいものです。簡潔すぎると少々味気無いような気もしますが、ルールとしてあらかじめ決めておけば、感情面での誤解は生じないはずです。

たとえば、私の会社では簡単な回答や確認であれば、「了解です！」「これ完了してましたっけ？」のような、簡単な一言、二言で済ませるようにしています。

複雑な内容のものは、「①A商事さんの件は……②B商事さんの件は……③C商事さんの件は……」といった感じで、箇条書きでまとめるようにしています。

もし文章量が多くなる場合などには、〈確認事項〉＊＊＊、〈参考情報〉＊＊＊、〈ネクストアクション〉＊＊＊、のように分類するようにします（129ページ参照）。

また、社内だけの共通用語を使ってコミュニケーションの効率化を図るのもいいでしょう。たとえば、私の会社では、参考情報を転送する際にはメールの文頭に「FYI（For

Your Information)」の3文字を挿入したり、急ぎの用件の場合には文末に「ASP（As Soon as Possible)」を挿入することで、文章作成の手間を省いています。

ちなみにこれらの社内共通用語はいつでも瞬時に入力できるよう、パソコンやスマホの辞書ツールに単語登録しています。

件名に用件を書く

また、読み手がわざわざメールを開かなくても済むように、件名を見れば用件がほぼ分かるように工夫するといいでしょう。たとえば、「【業務連絡】本日の会議は会場がBルームに変更されました（件名のみ）」といった感じです。

メール活用のあり方にタブーはありません。社内のローカルルールを作って、コミュニケーションをどんどん効率化させていきましょう。

■社内メールは極力簡潔に済ませる

簡単な確認・回答のメール例

OK です！

> さきほどの件、もう発注して良かったんでしたっけ?

他「了解です!」など簡潔・フレンドリーな一言で。
辞書ツールに単語登録しておくと便利。
なるべく一言回答で済むよう双方で意識。

やや複雑な内容のメール例

お問い合わせのあったお客様の件、以下に電話応対メモを共有します。

<確認事項>
・依頼概要：リモコン雲台を使った撮影事例や仕様・価格を知りたい
・利用シーン：野鳥の生態観察にリモコン雲台を使って撮影したい
・仕様要件：屋外仕様、有線制御（50mケーブル）、回転速度は遅く
・検討状況：ご購入の意図有、最終検討用の見積書・資料が必要

要点は箇条書きで簡潔に

<参考情報>
・搭載カメラ：Canon EOS 90D
⇒ http://cweb.canon.jp/eos/special/90d/

参考情報はURLやパスまで記載

<ネクストアクション>
①完成品・半製品の在庫確認　〆09/20　不破
②取扱説明書・技術資料を送付　〆09/21　不破
③上記要件を踏まえた見積書を作成・提出　〆09/22　岡田

ネクストアクションは手順、期限、担当者を明確に

17 小さな確認はチャットツールを活用する

ちょっとした連絡に便利

「あの掲示パネル、キャリーケースに入れた?」
「来週提案する企画書はサーバーのここに入ってます」
こんな感じで、社内のやりとりなどで、電話をかけるほどでもないけれど、メールの返信ほど悠長には待てないケースってありませんか?

そんな時は、SkypeやMessengerのようなチャットツールを使って小さく確認をとるようにすれば、意思疎通の漏れや時間のロスも無くなりますし、トラブルの予防にもつながります。

通常は相手からメッセージが届いたら、パソコン画面上にポップアップ表示されるか、ブラウザのタブにマークがつくので、自分の都合の良いタイミングで内容を確認し、簡単なコメントを書いて返信するといった使い方が一般的です。

チャットツールは、私がコンサルティング会社に勤務していた時代からプロジェクトワークで頻繁に使っていたのですが、いま経営している謎解き企画会社でも社内のちょっとした連絡用に使っています。

チャットツールで有名なところではSkypeやMessenger、Chatwork、Slack、ＬＩＮＥといったものがありますが、どのツールが優れているというわけではありませんので、チームの利用環境や目的に合わせてどれかを選べばいいと思います。

私の会社ではSkypeとMessengerが日常的に使われており、公演スタッフとの連絡にはChatworkやＬＩＮＥを使ってグループコミュニケーションが行われています。

チャットツールの利用用途で主だったものとして、「簡単な業務連絡」「急ぎの確認事項」「コールバック依頼」「関連サイトのリンク送付」といったものがあり、私の会社でも大いに活躍しています。**実際にそれまで内線電話で行っていたコミュニケーションのほとんどが、チャットツールに置き換わりました。**

メールとチャットツールとでは、コミュニケーションスタイルがどのように変わってくるかというと、たとえば**メールでは「お疲れ様です」から始まっていたところが、チャットツールではいきなり「OKです!」「資料の格納先は……」のように結論から入って、その後一言、二言で済みます。**

相手に今の自分の状況を伝えることもできる

また、チャットツールのいいところは、アプリケーションの起動状況から他のメンバーの勤務状況を把握できるところです。たとえばSkypeであれば、「オンライン」や「退席中」「取り込み中」などのステータス(状態)を選んで表示しておくと、相手に今の自分の状況を知らせることができます。チームメンバーが互いに自分のステータスを知らせる習慣ができていれば、相手の勤務状況に配慮した気持ちの良いコミュニケーション環境を作ることができます。このあたりは電話ではできないところでしょう。

従来はこういったチャットツールを使ったコミュニケーションは、主に社内を対象にされてきましたが、最近では時代背景もあって徐々に社外の人とも行われる機会が増えてきているようです。相手の状況や集中力に配慮した、新しいコミュニケーションのスタイルとして、うまく活用してほしいと思います。

18

メールで記録を残して「言った・言わない」を防ぐ

口約束だけでは正式決定にならない

「そんなことは言ったつもりはないんだけど」

「いやいや、確かに言ってましたよ」

こういうやりとりを聞いていると、なんだか気が滅入ってきますよね。

「言った・言わない」の話は、社内外に限らず、普段からよくコミュニケーションをとっている間柄でも起こりうる問題です。ちょっとした行き違いで人間関係が悪くなることもあるので、気をつけたいところです。

「言った・言わない」が起こる原因は、いずれかが事実情報を忘れてしまっているか、そもそもの理解が間違っているか、たいていはこの二つのどちらかです。人間の記憶力や理解力に委ねられる話なので、悪気はないと思いますが、世の中で起きているトラブルなんて、もとをただせばどれもそんなものなのかもしれません。

私の会社では、そういった不毛な状況が起きないようにするために、業務上のコミュニケーションは基本的にメール上に記録として残すようにしています。

特にタスク依頼に関することは、依頼した側と依頼された側の双方でメールを記録・管理することを原則としています。お金や時間、方針に関する決定事項も、口約束では正式に確定したことにはならず、メールで共有された時点で正式に確定したものとみなされます。

このように、決定事項はすべてメール上に残しておくようルール化して統一しておくことで、後からエビデンスが必要になった場合に検索機能を使って見つけやすくなります。

こういったやり方がチームに浸透すれば、メンバーも「まずは事実を確認しよう」といった意識が働くようになり、憶測でものを言うことが少なくなります。

これらはかつて勤務していたコンサルティング会社で学んだやり方ではありますが、あらゆる規模・業種の会社に有効な手段なので、ぜひ文化として根付かせてほしいと思います。

検索効率を高める方法

ちなみに検索のコツは条件設定をいかに行うかがポイントです。

「日付」「件名」「送受信者」「添付ファイルの有無」「主要キーワード」などを効果的に設定することで、検索効率がずいぶんと変わってきます。またショートカット機能を使うことで、マウス操作よりも素早く処理を進めることができます。

重要事項をすべてメール上で記録しておき、いつでも検索して取り出せるようにしておけば、チーム内から「言った・言わない」が無くなり、誤解のないさわやかな雰囲気が維持できるようになるはずです。

19

会議の質は事前のダンドリで決まる

あなたは会議と聞いてどのようなイメージを持ちますか？

人によっては、もしかしたらネガティブなイメージがあるかもしれません。

会議が営業部長の独演会になってしまったり、長時間の会議で何も決まらなかったり、といった話は枚挙にいとまがありません。


会議は事前のダンドリ一つで、その質がずいぶんと変わります。

ダンドリと聞くと、なんだか大変そうなイメージを持たれるかもしれません。

私が通信会社に新入社員として入って間もない頃は、今ほどパソコンが普及していませんでした。会議室の予約や会議資料の準備もすべてアナログスタイルで、会議の前はずいぶんと慌ただしくしていたのが思い出されます。

今なら、ＩＴ環境も整っていますし、よりスマートに会議をダンドリできるはずです。

会議のダンドリは、大きく「インフラの手配」「対象者への参加依頼」「資料の事前共有」の3つに分かれます。それぞれポイントは以下の通りです。

インフラの手配

会議室や設備の予約は、会社それぞれのインフラ状況によって異なるでしょう。

過去に勤務していた会社では、会議室や設備の予約はグループウェアを使って行っていました。30人規模の大会議室から2~3人用のミーティングスペースまで、社内外どこからでもノートパソコン上で確認・予約することができました。

もしグループウェアがなければ、エクセルで作った予約管理シートに共有設定をかけて運用するのでも十分目的は果たせます。

いずれにせよ予約情報は共有されているほうが何かと便利ですので、紙ではなくオンライン上での管理をお勧めします。

対象者への参加依頼

主催者が会議の目的や概要をメールに記載して、対象者に参加依頼のメールを出します。

最近では、Googleカレンダーのようにスケジュール管理ツール上でダイレクトに参加依頼メールを送れるものもあって大変便利です。

かつて勤務していた会社では、会議室の予約から参加の依頼、回答受領までがすべて一つのグループウェア上で実現できました。「会社にツールはあるけれど、活用されていない」といったケースも多いので、一度システム管理者に確認してみるといいでしょう。

資料の事前共有

会議資料を事前にメールで参加者に送っておくと、会議のレベルを底上げできます。会議のテーマや参加者によっては紙の資料を印刷してもいいのですが、できるだけデジタルデータで送ったほうが、印刷やホッチキス留め、部数確認、並べ替えなど、紙にまつわる多くの間接作業が省け、会議の本来のテーマ検討に時間を割くことができます。

また、事前共有はしませんが、会議に関係するかもしれない資料やサイトのショートカットをフォルダにまとめておけば、いざという時に「すみません、ちょっとコレを見てもらっていいですか」といった感じで話ができて、チャンスを広げられるようになります。

会議の質は事前のダンドリ一つで大きく変わることでしょう。

20
会議をしながら資料も議事録も完成させる

会議のための資料作りや、会議後の資料の修正に多くの時間が使われているケースは少なくないでしょう。前述したように、会議の資料を紙で印刷する場合、配布部数の確認や印刷、ホッチキス留め、といった間接作業の時間もバカになりません。私がかつて勤務していた日系大企業ではそういう状況で、資料の用意は当時若手であった私の役割であったため、そこに多くの時間が取られていたことが思い出されます。

同じような経験をしている人にお勧めしたいのが、ＩＴ業界や外資系企業などで見られる、会議中に議論をしながらその場で資料を作り上げていくやり方です。

具体的には、**ネタとなるタタキ資料をプロジェクタまたは外付モニタに投影しながら討議し、さらに内容にそって資料に直接加筆・修正**していきます。

会議の最後には、その資料を参加者に目視確認してもらい、合意を得られればその場でメールで共有してしまいます。

そうすることで、会議の後にやっていた資料作成や修正作業が無くなります。また参加者の目の前で討議内容が形になっていくことから、参加者意識がより高まり、理解も深まるといったメリットも期待できます。

もし可能であれば、同時に議事録も作成するといいでしょう。議事録はあまりフォーマルになりすぎる必要はないと思います。箇条書きで決定事項やネクストアクションを簡潔にメモしていきましょう。慣れれば会議の進行者一人で、会議進行と資料作成と議事録作成を同時に進めていけるようになります。

その時のインフラですが、通常、2〜3人で行う小さな会議の場合は直接ノートパソコンの画面をのぞきこむか、外付け接続された液晶モニタを使います。それより多い人数になるならプロジェクタにパソコン画面を投影させます。

この時、**プロジェクタの台数に余裕があれば、プロジェクタ2台を使って会議を行う**といいでしょう。たとえば**1台は資料や参考情報、もう1台は議事録**など、より多くの情報を確認しながら議論を進めることができて大変便利です。

21

会議で出た話題はその場でググって調べる

会議の途中で具体的な商品名や企業名が話題に上ることがあると思います。そういった時に「あ〜、そうなんですね〜」といった感じで軽く受け流すのと、そのキーワードをうまく拾って話を膨らませるのとでは、その後の話の展開は大きく変わってきます。

実際のところ、会議で発言された言葉の意味やキーワードをすべて理解しイメージできる人はいないはずです。聞き覚えのない言葉や前提知識のない話は、なんとなく聞き流していることも多いのではないでしょうか。

もしそれらを視覚的に伝えることができれば、相手の反応はまったく違ったものになってくるはずです。

私は普段、会議や商談途中で出た重要なキーワードは、その場でパソコンやスマホを使って即Google検索し、参加者の間で共有するようにしています。

話題を膨らませるために、具体的な事例を示すことで、イメージすることの手助けをするのです。

たとえば、商談時にお客様から「今、渋谷で○○という謎解きイベントをやっているみたいですね」といった話題が出たとすると、その場で瞬時にGoogle検索し、検索結果を共有します。

そうすると「そうそうコレコレ、もしクロネコキューブさんで大阪の商業施設でやるとしたらどんなことができそう？」といった感じで具体的な商談に発展したことが何度かありました。私がやったことと言えば、その場でスマホやパソコンを使ってちょっと検索しただけです。

せっかくのチャンスを逃さないために

このように会議や商談は実は多くのチャンスに満ち溢れています。チャンスがないと嘆いている人は、そこに気づいていないだけなのです。

もしあなたが少しでもチャンスを広げたり、ビジネスを速《すみ》やかに具現化したりしたいのであれば、**「その件はまた今度調べておきます」といった悠長な時間軸で返答するのではなく、その場で瞬時に調べて次の展開につなげるような習慣をつけておく**ことをお勧めします。

チャンスは待っている人のもとにしか訪れません。瞬間瞬間を大切にして、会議からより多くの成果を引き出しましょう。

22 Web会議を利用して会議を持ち越さない

パソコンやスマホさえあればいい

会議参加者の日程調整ってちょっとした手間ですよね。参加者が忙しい人たちであればなおさらです。また、急に参加できなくなった人のために開催日が延期されたり、その人がいないことで決定事項が持ち越されるなど、何かとスケジュール上の問題が発生しがちです。

そういった問題を解決するために、もしまだ利用していなければ、Web会議の利用をお勧めします。Web会議とは、Web上でビデオ通話機能を使って行う会議のことです。

Web会議が登場する前は、大企業を中心に高価なテレビ会議システムが導入されていましたが、近年画質や音声などの性能も上がっており、機能も豊富で無料または安価で利用できることから急速に利用者が増えてきています。またテレビ会議システムと違って、専用のカメラやマイクが必要なく、パソコンやスマホがあればいつでもどこでも参加できる手軽さが受けているようです。

Ｗｅｂ会議のメリットは、出張コストの削減もさることながら、それ以上に移動時間や間接作業の時間の節約といったところが大きいでしょう。また、距離を気にしなくて済むので、遠隔地にいる多くの有識者との討議機会が増えることでしょう。

そして**画面共有機能を使えば、同じ資料を見ながら討議を進められる**など、物理的に同じ場所で行う会議とのメリットの差がどんどん縮まってきています。

最近は動画記録機能もあり

ビデオ通話機能を使ってＷｅｂ会議ができるツールで主なものとして、Skype や Messenger、Google ハングアウトなどが有名ですが、最近では Zoom の利用者も増えてきているようです。まずは身近な友人や家族との間で気軽に始めてみるのがいいかもしれません。

実際のWeb会議の運用では、1対1での利用もいいですし、グループ全員がWeb会議での参加というのもいいでしょう。

また、リアルでの会議に一部欠席者のみビデオ通話での参加といった形でもいいでしょう。その際には、リアルの会議室では1台のプロジェクタ画面に会議資料、もう1台のプロジェクタ画面にWeb会議の参加者画面を投影するといった形がベストかもしれません。

最近では動画記録機能などWeb会議ならではの機能も充実してきていますので、いろいろ工夫しながら、状況や目的に合わせた柔軟な会議スタイルを編み出してみてください。

第4章

やりたいことを全部やるための

対人関係

編

01 仕事の成否は何をやるかより、誰とやるか

仕事の成否は「何をするか（アイデア）」が大切だと分かっていても、現実にはいろいろな要素が加わり、想定通りに実現することはまずありません。たとえばＩＴ産業が成長著しいと言っても、みながＩＴの事業で成功するわけではありません。

そして、ここで言う「いろいろな要素」とは、たどっていけば概ね人の問題に行き着きます。つまり、「何をするか」よりも「誰とするか」のほうが、仕事の成否を大きく分かつことが多いのです。

もちろん「なぜするか（動機）」や「どのようにするか（手段）」といったことも、仕事の成否に多少の影響は与えますが、この「誰とするか」に比べると影響度は軽微です。それだけ人の影響力というのは計り知れないのです。多くの人が、人が持つ影響力はせいぜい数十％から多くても数倍程度と考えているようですが、違います。私の経験で言えば、

100倍から1万倍、あるいはそれ以上変わってきます。

たとえば、同じようなビジネスの「アイデア」があったとしても、主導して進める人材の力量やセンスによってその実現性やインパクトは大きく変わってきます。また、「手段」がいくら素晴らしくても、その人の「動機」が不純であれば、人がついてこず、長く続けていくことは困難になります。このように、結局あらゆる局面で人の要素が関わってくるので、人の問題はどうしても避けて通ることはできないのです。

一方で、どういう人物と組むべきかが分かっていたとしても、そういう人と仕事ができるとは限りません。「そもそも思い描く人と出会わない」「出会っていても、それに気づかない」「気づいても、その人から関心を持たれない」といった3つのハードルを超えなければならないからです。

この3つのハードルについては、後の項目で掘り下げていこうと思いますが、いずれにせよ、**いい人と出会って、良い関係を築くことができたら、仕事の半分以上はすでに成功したと言っても過言ではありません。**毎日を漫然と過ごすことなく、自ら動いて、良いご縁をどんどん創り出していきましょう。

02

名簿を一つにまとめるとご縁が資産に変わる

学校や所属する団体、会社などで、いろいろなタイミングで紙の名簿が配られることがあると思います。これらの複数の名簿から条件に合った人物を探そうと思うと、けっこう面倒です。

そんな時、「これまで出会った人物の関連情報が、すべて一つのデータベースに収まっていたらどれだけ便利だろう」などと思ったことはありませんか？

あなたがもし、人とのご縁やつながりを未来に向けた資産としてうまく活用したいのであれば、名簿は一つに統合することをお勧めします。

紙の名簿は、まずデジタル化する必要があります。デジタル化するには、紙の名簿をスキャナで読み取り、その後ＯＣＲソフトを使って文字情報をテキストデータにします。その上で、文字情報をエクセルで作った名簿に統合していく流れになります。

ちなみに、エクセルで名簿を作る際には、一番左に区分列をなるべく多く作っておくと、分類したり、条件抽出するのに使えて便利です。また、運用段階では備考欄に出会った人の特徴や印象、日付などをメモで残しておくと、後から思い出しやすくなります。その他、URL欄に、勤務先のURLに加えてFacebookのアカウントなどを記録しておくと、深く掘り下げてその人のことを知りたいと思った時に役立つのでお勧めです。

私自身も**ある時一念発起して、小学校から現在に至るまでのすべての名簿を、エクセルで作って一覧にとりまとめた**ことがあります。完成するまでかなり苦労しましたが、そのかいあって、**今では仕事からプライベートまで、適宜適切な方を瞬時にリストアップできるようになって大変助かっています**。

たとえば、東京の青山周辺でアポがあった場合に、エクセル名簿で「青山」とソートをかけると、その近隣で働く人がずらっと抽出され、せっかくだからあと一人、二人の顔を見ていこうかといった感じになり、ご縁や機会の幅もぐっと広がります。

身近な一期一会を大切に育めるよう、名簿は一つにまとめてデジタル管理しましょう。

03

年に1回つながりを棚卸しする

あなたは1年間に、いったいどのくらいの人と出会いますか？　名刺交換をしたぐらいのつながりを含めると、相当な数にのぼる人もいるかもしれません。

近年はSNSの台頭もあり、従来では考えられなかったような、幅広いジャンルの人とつながりやすくなっています。したがって、社会人経験が長くなればなるほど、つながりの量も増えていくのはごく自然なことでしょう。

その一方で、あまりにつながりが増えすぎると、今度はだんだん顔と名前が一致しないという状況が出てきます。また、どうしても一人あたりに使える時間は減ってくるので、関係性が薄くなってしまう人も出てきます。

時間的にも経済的にも、出会った人すべてと付き合うことはできません。であれば、あなたが本当に付き合うべき大切な人を見つけ、その人とより関係を深めていくほうが、結果として好循環が生まれやすくなります。

あなたが**理想の人生を送るために付き合うべき大切な人というのは、本来そう多くはない**はずです。少なくとも価値観が大きく異なる人とは、無理して付き合う必要はありません。そこで私は、年に一度は「つながりの棚卸し」をすることをお勧めしています。

エクセル等で名簿管理している場合には、相性や接触頻度など独自の尺度にそって、ご縁がなさそうな方のレコードは思い切ってグレーアウトしたり、ブック内に別で作ったOldシートにレコード移動させてしまってもいいでしょう。もちろん連絡先もない、相性が悪く接触頻度がほとんどないレコードについては削除してしまってもいいと思います。

紙の名刺で管理している場合も同様に、二度とご縁がなさそうなものについては、心の中で一礼した上で、ごそっと捨ててしまっていいのではないでしょうか。

いきなり削除するのがためらわれるようでしたら、グレーアウト→Oldシートに移動→削除といった感じで段階を踏んでもいいかもしれません。

限られた人生の中で、あなたがやりたいことを全部やるために、ぜひ勇気を持って適切な人を選び、適切な付き合い方をしてもらいたいと思います。

04 社外のコミュニティは厳選して入る

リアルやネット、交流会や勉強会など、世の中にはいろいろなタイプの社外コミュニティが存在しています。そしてコミュニティのお作法や雰囲気は、それぞれ掲げられているテーマや参加する人によってまったく異なります。

コミュニティは、新しい情報や何らかの機会が得られたり、困った時に相談に乗ってもらえるなどプラスの面も多いのですが、その反面、何も考えずに属してしまうと、場合によっては自由な選択機会や活動の時間を奪われるなど、マイナスの面もあります。やりたいことを全部やるには、いろんな面で取捨選択していくことが必要です。コミュニティもむやみやたらに入るのではなく、できる限り厳選して入ることです。

コミュニティを選ぶ際のポイントは、どんな便益が得られるかも大切ですが、**集まりの**

雰囲気や価値観が合うかどうかに注目してみるといいでしょう。せっかく入るコミュニティなので、無用な揉め事が起こらないよう、適切な距離感で、できるだけ長期的な関係が築けるのが理想です。

ちなみに**参加者の価値観は、ちょっとした言動や共同作業の中で表れてくる**ものです。私は、コミュニティのタイプやテーマに限らず、お金や小さな約束事にルーズそうな人が集まるところにはできるだけ参加しないようにしています。

それから、単に寂しさを紛《まぎ》らすために来ている人や、仕事にあまり真剣でない人たちが集まっている場にも参加しません。

その反対に、何か一芸を持っている人たちが集まる場所や、興味のあるクリエイティブやエンターテインメントをテーマとしたコミュニティイベントには、時間がある限り足を運ぼうと思っています。また過酷と言われるトライアスロンをやめずに続けられているのは、コミュニティの仲間たちの存在が大きいと言えます。

やりたいことを全部やるには、一人の力だけで実現するのは難しく、必ずどこかで他の人の協力や支援が必要になってきます。それだけに、入るコミュニティはしっかりと選び、そして一度選んだら、そのコミュニティの発展に貢献できるように努めましょう。

05 いざという時のために信頼を貯めておく

短期的な見返りを期待しない「貸し」を多く作る

人との〝持ちつ持たれつの関係〟を表すものとして「貸し借り」という言葉がありますが、あなたはこの貸し借りが自分にどのくらいあるか、考えてみたことがありますか？

ちなみに、ここでの貸しとは文字通り相手にしてあげたこと、借りとは相手にしてもらったこと、と考えていいでしょう。


ここでもし「借り」のほうが多いとすれば、一見すると得のようですが、実は人との力関係を弱くしたり、頼まれ事があっても断りにくくなる、といった側面もあります。

また、「借り」を作ることに慣れてしまうと、自ら考えることや努力をしなくなる危険性もあります。つまり、**「借り」は、長期的に見た場合には、未来の自由や成長機会を制限する「負債」**とも言えるのです。ちょっと意外ですよね。

もし自分が本当に自立していたいと思うのであれば、普段から「借り」よりも「貸し」を多く作ることです。そして、貸しに対する短期的な見返りは期待しないことです。たいていは返ってこないものですし、そう思っておいたほうが気も楽だからです。

とはいえ、無理やり大きな貸しを作ろうとする必要はありません。ちょっとした相談に乗ったり、適切な人を紹介したりするなど、今のあなたにできる範囲で十分です。

「貸し」が「借り」を上回るようになると、信頼をベースとした好循環が自然と生まれてきます。すぐにはメリットがなくても、素敵な出会いや機会があなたをグッと成長させてくれるはずです。

短期の損得でなく長期的な信頼感で人を選ぶ

普段付き合う人を選ぶにあたって、気の合う人や一緒にいて楽しい人など、人それぞれいろいろな目安があると思います。

中には、自分があまり良く思ってない人とでも、目の前の仕事のために我慢して付き合っている人もいます。それは短期間であればもつかもしれませんが、根本的な目的や価値観などの部分が違っていると、長期間にわたって関係を続けていくのは難しくなることでしょう。

誰と付き合うかは、短期的な損得ではなく、長期的に付き合っている姿が想像できる人を選ぶとうまくいくことが多いです。金銭的な便益よりも、そこに学びや尊敬の気持ちがあるかどうかがとても重要な判断基準となります。

いずれにせよ、誰と付き合うかは、周りに流されず自ら選ぶことが大切です。もしあなたが長期的に付き合っていきたいと思える人を見つけたら、自分から積極的に距離を縮めていきましょう。

06

社内派閥や親分肌すぎる人とは距離をおく

うっかり社内派閥に属してしまわない

会社勤めを長くやっていると、「あなたはA部長派？　それともB部長派？」のような社内派閥の存在に気づくことがあります。派閥の存在が公《おおやけ》にされているケースは少ないでしょうが、企業といえどもしょせんは人間の集まりですので、意見や価値観の違いで複数のグループが存在してもおかしくはありません。

一般的に社内派閥の構成員の結びつきは強く、そこに所属することで、出世が早くなったり、好調な部署にひっぱってくれる、といったキャリア上のメリットが期待できます。

一方で、派閥の上司が出世路線から外れた場合には、急に抜け出すことは難しく、あなたのキャリア上の足かせとなってしまうこともありえます。

そういう意味では、派閥はキャリア上の下駄を履かせてもらえる良い面もありますが、自分の立ち位置や真の実力が分からなくなってしまう危険性もあり、今のような変化の大きい時代においては、私は積極的に勧める気にはなりません。むしろ私なら間違いなく距離をとります。

もしあなたが真の実力を身につけて成長したいのであれば、安直に社内派閥に属することは避けるべきです。派閥に属さなければ、その会社における出世の〝神風〟は吹かなくなるかもしれませんが、余計なことに煩わされることなく、自分の成長に集中できるようになります。

これからの時代は、社内の上下関係でつながる「派閥」よりも、社内外の信頼関係でつながる「コミュニティ」のような形態のものが増えてくると思います。そういった中では肩書きや職位は通用せず、その人自身の実力や人間性が問われます。

派閥内のポジション作りよりも、自分磨きに時間を使うことをお勧めします。

親分肌すぎる人には近寄らない

あなたの周りにやたらと面倒見が良いけれど押しの強い、いわゆる親分肌の人っていいませんか？　先輩・上司に限らず、親分肌の人のいいところは、自分が目をかけた〝子分〟の面倒を徹底的に見てくれるところです。

一方で親分肌の人は、目をかけていることに見合った忠誠心を求めてきます。それが行きすぎるとシガラミとなり、あなたから自由や時間を奪ってしまう可能性が出てきます。自由や時間を大切にしたいのであれば、強すぎる〝親分子分の関係〟は避けたいものです。

そもそも「何かあれば誰かに助けてもらおう」という考えでは、人への依存気質から脱却することはできません。**真に自立した人間になるには、時に師匠や親分を持たない覚悟も必要**です。芸能界でトップに君臨している芸人さんは、師匠を持っていないことが多いようです。誰かの庇護下にあると甘えや遠慮が出てしまい、師匠を超えようとしなくなるからでしょう。

自由と自立のためにも、親分肌すぎる人とは微妙な距離感を維持しつつ、子分化することを避けましょう。一度子分になると、抜け出す時に相当苦労します。

やりたいことを全部やるためには、自分の力で運命を切り開いていくしかないのです。

07 無理してすべてのお誘いに付き合わない

一昔前は「若い人は仕事の飲み会には参加しない」といった風潮がありましたが、最近ではSNSの登場によって、様々なイベントや交流会に参加する人が増えているようです。

一方で、こういったお誘いには二次会がつきものです。一次会は開始と終了の時間が決まっていることが多いのに対して、二次会は終了時間が終電間際になったり、場合によっては朝までエンドレスといったことにもなりかねません。そうなると、せっかく昼間の仕事で効率化を図って捻出《ねんしゅつ》した時間が吹き飛んでしまうばかりか、次の日の仕事に支障をきたす恐れさえ出てきます。

自分が心の底から楽しみにして参加するのであれば別ですが、何らかの仕事上の便宜を期待して参加するのはやめましょう。仕事にもよりますが、実際には**そこまで役に立つ二**

次会なんてありません。角がたたない程度に、「やり残したことがありまして」「明日の朝が早いので」「体調がまだ万全でないので」といった感じでうまく理由をつけて、おいとまさせてもらうようにしましょう。

付き合いのゴルフやカラオケも同様で、自分が楽しめるのであればストレス発散にもなりますし、人間関係の構築にも役立つかもしれませんが、自分が楽しめないのに仕事上のメリットを期待して参加する必要はありません。参加するにも時間やお金がかかりますし、余計なシガラミが生じる可能性もあります。

「断ってしまうと出世に響くのではないか」といった心配は無用です。むしろこれからの時代は、純粋に仕事でどれだけ価値を生み出せるかが問われます。

お金や時間、自分らしさを保つためには、ときに断る勇気も必要です。誘ってくれたことに感謝しつつも「すみません、その日は予定が入ってしまっています」でいいのです。

二次会にしろゴルフにしろカラオケにしろ、**「仕事以外で共にした時間」と「仕事での評価」は切り離して考えられるべき**です。自分のやりたいことや自分磨きにこそ、あなたのかけがえのない時間やお金を投じましょう。

08 部署や会社の枠を超えて人と付き合う

自部署の人ばかりと付き合わない

なまじ部署の人数が多いと、ついつい自部署の人ばかりと付き合いがちです。そうすると、いつも同じ人と付き合っているので、当然ながら考え方も固定化してきます。

また、一つの集団にどっぷりつかりすぎると、シガラミも生まれやすくなります。ひとたびシガラミに巻き込まれると、いろいろな方面で自由度を失うことになります。

さらにシガラミはその思想が強まると派閥へと変わります。そこまでくると異動やその後のキャリアに、大きな影響を与えることになります。

一方で、普段からいろいろな部署の人と付き合っていると、仕事上の新たな発見もありますし、いざという時に他部署の協力が得やすくなります。また、自ら率先して部署をまたいだ人付き合いをしていくことで、つられて他の部署間の交流も活性化していくかもしれません。こういったことの積み重ねによって、社内にシガラミのない爽やかな雰囲気が少しずつ醸成《じょうせい》されていくのです。

自部署の利益や人間関係を優先的に考えるのは会社員にとってもちろん大切なことではありますが、組織の壁を超えてもっといろいろな部署の人とも付き合っていくことをお勧めします。会社的に好循環が生まれやすくなりますし、何より社内における自分の適切な役割や位置付けの理解に役立つはずです。

会社以外のつながりも大切にする

1日の大半を会社で過ごしているという人は恐らく珍しくはないでしょう。さらに歓送迎会や社員旅行など、会社には仕事以外にも時間をとられる多くの交流イベントがあったりします。そうなると、会社の人との関係がプライベートと比べて深くなってしまうのも、ある程度仕方がないことでしょう。

しかし、会社は人生の一部であってすべてではありません。定年退職して初めて会社以外の人との付き合いがないことに気づくのも寂しい話です。

私は、多くの人に社外のつながりも大切にしてほしいと思っています。**幅広いジャンルの人と付き合うことで、良い意味で価値観がほぐされ、自分が何者であるかを知る助けにもなる**からです。

社外の人と付き合うことで、先々の転職に有利だとか、商売の可能性が広がるといったことも言われますが、自分自身と向き合えることの大切さと比べたら小さなことです。

スポーツの付き合い、趣味の習い事の付き合い、勉強会の付き合いなど、なんでもいいのです。いろいろなジャンルの人たちと付き合うことで、自分の価値観に広がりと深みを持たせることができます。

会社以外で心の拠り所を持つことで、仕事にも余裕が生まれてくることでしょう。人は他人の存在があることで、自分という人間をより明確に知ることができるのです。

09

自分らしくいられる友人を持つ

突然ですが、あなたには心を許せる友人がどれだけいますか？

「2〜3人かな」とリアルに答える人もいれば、中には一人も思い当たらずドキッとした人もいるかもしれません。本音で語り合い、互いに理解し合える友人を持つことは、あなたの人生を豊かにしてくれます。また、そうした友人が、自分がどのような人間であるかを思い出させてくれたりもします。

一方で、ただなんとなく流れで友人と付き合っている人もいるかもしれません。たまたま会社で同じ部署に配属された、たまたま学生時代にクラスが同じだった等々です。

こういった友人たちと無理に離れる必要はありませんが、自分を偽ってまで付き合う必要はないのではないでしょうか？　いったん距離をおいても、時間が経てば再び良い形で再会できるかもしれませんし、その間に別のもっと良い友人が現れるかもしれません。

惰性で付き合い続けていくことで、自分が何者であるかが分からなくなってしまうことのほうが問題です。友人は自分を映す鏡である、とはよく言ったものです。

自分らしくいられる友人を見つけるには、まずあなた自身が自分の価値観を素直に表現することです。自分を取り繕《つくろ》うことなく、あるがままをただ素直に表現する。そうすれば、こちらから一生懸命に探さなくても、自然と向こうから「この人に違いない」という人が現れるようになります。そういう意味では、どんな人と付き合うかは、自分のあり方そのものを示しているということでもあります。

とはいえ、自分を素直に表現するのが苦手な人もいますが、それはちょっとした訓練によって克服できます。誰かに話し相手になってもらってもいいのですが、最も手軽にできる方法はブログやSNSなどで情報発信してみることです。

初めの頃はうまく表現できないかもしれませんし、気恥ずかしさもあるかもしれません。反応の薄さに心が折れることもあるでしょう。それでも諦めずに続けていると、そのうち自分でもハッキリ分かるくらい、自己表現と他人の関心が合致する瞬間が訪れます。自分らしくいられる友人と出会うためにも、素直な自分をどんどん出していきましょう。

10 アポの前後に簡単なリマインドメールを送る

仕事やプライベートでアポイントメントを取ることがあるかと思いますが、先方がその予定を忘れていたり、また逆にこちらが日を間違えていたりといった経験はありませんか？　先方が忘れていたのならまだしも、こちらが忘れていたりしたら大変ですよね。

そういったアポでのトラブルを防ぐためにも、私はアポの前にちょっとしたリマインドメールを送っておくことをお勧めしています。そうすることで、アポの忘れや誤認を防ぐことができますし、会議やミーティングへの参加意識も高まることでしょう。

リマインドメールを送るタイミングは、アポ当日の朝がベストですが、アポの場所に向かう途中でスマホから送ってもかまいません。文面も「後ほど14時にお邪魔させて頂きます。何卒よろしくお願いいたします」といった1～2行のシンプルなもので十分です。

また、約束の時間に少しでも遅れそうな場合には、できるだけ早い段階で、「申し訳ございません。今、江戸川橋を出たところで、10分ほど遅れる可能性があります」などとスマホから速やかに一報を入れておけば、相手を不安にさせなくて済みます。

そして、アポの後のリマインドメールも大切です。

アポの後、別れて間もないうちに、「本日はありがとうございました。○○の件もぜひ」といった感じで、話題にのぼったネタを一言入れて簡単なメッセージを送っておけば、相手にも印象付けられますし、ネクストアクションのリマインドにもなるはずです。

長時間の会議の後などには、1～2行のメッセージに加えて、何が決まって誰が何をするかが分かる簡単な議事メモを記載しておけば、より効果的でしょう。

アポ前後のリマインドメールの大切さについて述べましたが、もちろんメールでなくても、相手に合わせてMessengerなど、その他の手段・ツールでもかまいません。

こういった小さな配慮を積み重ねていると、幸運やご縁を引き寄せやすくなりますし、物事がテンポ良く進んでトラブルも少なくなります。周りでなぜかいつも運やご縁に恵まれている人というのは、意外とこういうことを自然としているものです。

11 人と会う前にブログやSNSを読んでおく

〝フェーズ合わせ〟がいらなくなる

ビジネスであれ、プライベートであれ、初めてアポイントメントをとって人と会う際は、相手の人となりを知らないが故に、会話のネタ選びに気を遣うものです。

実際多くの人が、会話の前半部分は、相手のバックグラウンドや価値観を知るための質問をするなど、いわゆる〝フェーズ合わせ〟に時間を使っているのではないでしょうか？

もし相手の人がブログやSNSをしているようであれば、事前に目を通しておくことをお勧めします。私も電車の中や待ち時間などを利用して、スマホでざっと見ておくようにしています。そうすることで、初めて会った時の〝フェーズ合わせ〟のための会話を短縮し、よりスムーズに本題へと入っていくことができるようになるのです。

場合によっては、「そう言えば、先週は岐阜に行かれてたのですね」といった感じで会話の冒頭にブログやSNSで知ったネタをはさむことで、お互いの緊張感をほぐしてから本題に入っていくこともできます。

ビジネスでも信頼関係構築につながる

ブログやSNSには、その人物の考え方や関連情報の他、新サービスやイベント、お勧め情報など、有用なネタが含まれていることも多々あります。実際に私もその情報のおかげで、イベントに参加することになったこともありますし、偶然見かけたアイデアに救われたこともあります。

ブログやSNSが他のメディアと違うところは、発信者本人が直接投稿するので、見る側にとってバイアスが少なく、タイムリーな情報に触れられるという点です。

最近では、Facebook や Twitter、Instagram に加えて、YouTube での発信を積極的に行う人も増えてきています。

これらを見る目的は人によって様々だと思いますが、ことビジネスにおいては、相手のことをより深く理解することは、信頼関係構築のための第一歩となります。

私は**人と会う前に、どんなことを話そうと考えたりはしない**ですし、資料作成など準備らしいこともほとんどしません。

ただ事前に相手が発信しているSNSや関連ホームページにはざっと目を通した上で、待ち合わせにのぞむようにしています。それさえ頭に入れておけば、あとは話の流れや相手のテンションに合わせて柔軟に会話を組み立てていけるからです。

そう考えると、逆に相手にも誤解なく自分自身が伝わるよう、自分のブログやSNSもしっかり綴《つづ》っていかないといけませんね。

12 良い質問をすることで相手に好かれる

仕事でもプライベートでも、会った人に好印象を持たれることはとても大切なことです。そんなの当たり前だよ、と思われるかもしれませんが、実はこれがけっこう難しくて、やり方を誤解している人も少なくありません。

たとえば、よく自分の知識や肩書きを必死にアピールする人がいますが、そのやり方だと、相手から仕事上の興味は持たれても、人物としての好意は寄せられない可能性があります。もっと極端に言うと、他人の自慢話など本当はみな聞きたくないのです（と思っておいたほうがいいでしょう）。

そういった中で、私が実践してきたのは、相手に関することについて真摯《しんし》に質問することです。「なんだ、そんなことか」と思われるかもしれませんが、その場にいない第三者の話やスケジュールのような事務的な話をするよりも、**相手の「人となり」が分かるような話を掘り下げて聞いていくほうが、よほど親密度が高まる**のです。

では、どんな質問の仕方をするのかというと、たとえばその人が自分の仕事に誇りを持っているようであれば、「なぜそのような功績を成しえたのか？」「何が起点となって今のあなたがあるのか？」といったキャリアや生き方に関する深い質問をします。そうすることによって、「もっとあなたから学びたい」「あなたを尊敬しています」といったビームが自然と体から滲み出てくるのです。

ここで気をつけないといけないのは、一方的な質問の仕方になってしまって、相手を値踏みしているような印象を与えてしまうことです。それを防ぐためにも、間にときどき自分の意見や印象などをはさむことで、テンポ良く会話が進むようにします。

いずれにせよ、大切なことは**「相手に興味を持つ」「相手に関することを聞く」「相手への想いを伝える」。相手に好かれる方法は、実はたったコレだけ**なのです。

13 数字とたとえ話で相手を説得する

説明には数字や事例を用いる

「上司になかなか提案を受け入れてもらえない」「プレゼンテーションでお客様をうまく納得させられない」など、説得力のある説明やプレゼンテーションができないことを悩む人は多いようです。「いったいどのようにしたらいいいですか？」といった相談を受けることもあります。

説得力とは極端な話、相手に信用されるか、されないかで決まってきます。経験の浅い人や初対面の人が説明をする場合、相手は無意識のうちに疑いを持って話を聞いています。そういった場合には、相手の信用を得るための、ちょっとした工夫が必要です。

具体的には、伝えたいコアメッセージを支える数値データや事例など、**否定のしようが**

ない〝事実情報〟を盛り込むことです。

たとえば、「日本のホワイトカラーの労働生産性は低い」というのがコアメッセージだとすれば、「労働生産性の国際比較２０１８」（日本生産性本部）などを示して、ＯＥＣＤ加盟36カ国中、日本が20位である事実を伝える、といった感じです。

数値データ以外にも、生産性の低さを示す具体的な写真や共感を得られる身近な事例を用いる手もあります。ただ、一部の少数例をまるで全体の傾向であるかのように伝えてしまうと、〝こじつけ〟ともとられかねませんので注意が必要です。

たとえ話のプロになる

どれだけ説明が理路整然としていても、どれだけ数値や事例を用いても、相手に意図がまったく伝わらないケースもなくはありません。話す内容の難易度や、聞き手の知識量にもよるかもしれませんが、聞き手からすると「分からんものは分からん！」といった状態なのでしょう。

そういった場合は、無理にロジックにこだわらず、相手にとってより身近な話題にたとえて説明すると、案外スンナリと伝わってしまうことも少なくありません。

たとえば、後輩の新人営業マンがリスクの高い案件を後先考えずに取ろうとしているとしましょう。

あなたは後輩のことを思って、なんとか踏みとどまらせたいと考えています。ただそこで頭ごなしにダメだと言ったなら、後輩は表面的には従っても心の奥底では納得しないでしょう。

そういう場合は、仮にその後輩が野球経験者だとしたら、「一見打てそうなボールを無理して打つことによって、後にヘンなクセが残ってしまったり、チームにかえって迷惑をかけてしまったりすることってあるだろう?」といった身近な共感ネタにたとえてみるのです。

ウマイたとえ話は、相手の自発的な納得感を引き出す一番の近道となるでしょう。

14

ユーモアでロジックを超越する

何かを成し遂げる人ほど、ユーモアセンスを持っている

私がかつて、勤めていた通信会社から外資系のコンサルティング会社に移って最初に驚いたのは、コンサルタントがみな一様に優れたユーモアセンスを持っていることでした。

それまでコンサルタントという職種の人は、いわゆる〝おりこうさんタイプ〟が多いと思っていたので、そのイメージとのギャップに面食らった記憶があります。

これまで数千人ものビジネスパーソンと会ってきましたが、コンサルタントに限らず**〝コトを動かす人〟にはユーモアセンスを持った魅力的な人が少なくありません。**

それは、「人や組織を動かすには、ロジックや事実だけでなく、相手がつい心を開いてしまうユーモアが不可欠だ」ということを十分に理解しているからでしょう。

かつて勤務していたコンサルティング会社で、こんなことがあったそうです。

プロジェクトのトラブルで、あるパートナーがクライアントに謝りに行かなければいけない状況になった時のことです。そのパートナーはコンサルタント特有の〝覇王色〟が感じられない、どこかひょうひょうとした感じの人でした。

彼は怒り狂うクライアントへのお詫びの席の冒頭で、まったく本題と関係のない「ひっくり返って寝るエビ」の話をしたそうです。意表を突かれたクライアントはつい心を許してしまい、その後の会議は友好的な雰囲気の中で進められ、無事トラブルも収束したそうです。

ちょうどその頃から、私は「仕事はロジック、恋はマジック」というフレーズを自身の座右の銘として使い始めました。仕事で困難な状況に陥っても、遊び心を持って切り抜けようという、おまじないみたいなものです。思い出すだけで、なんとなくクスッと笑えてくるでしょう？　時に真面目すぎるのは状況を悪くすることもあるのです。

〝鉛筆〟としてのロジックと、〝絵の具〟としてのユーモア

人の行いは、心で始まり、理性で動き、そしてまた心で終わります。

〝1枚の絵〟を完成させるには、〝鉛筆〟としてのロジックと、〝絵の具〟としてのユーモアの両方が必要なのではないでしょうか。

実際のビジネスシーンでユーモアを用いるのに、テレビの〝芸人〟のように振る舞う必要はありません。ごく自然に、日常業務のささやかな疑問や人の心の機微をなぞってみるだけで、共感が笑顔に変わることはよくあります。

頑《かたく》なお客様の緊張を解きほぐす時、失敗した仲間を励ます時、業績が悪く職場の雰囲気が落ち込んでいる時などに、爆笑は取れなくても、クスッと笑ってくれたり、聞き手の口角《こうかく》が上がったりするだけでも、十分な効果を発揮したと言えるでしょう。

15 価値観が合う人と何かしてみる

参加した勉強会や交流会で出会って名刺交換した人たちと、その後連絡を取り合うこともなく、そのまま浅い付き合いで終わってしまった経験は誰しもあると思います。もちろん私にもあります。「名刺の数だけが増えていき、後からその名刺を見ても何も思い出せない」といったことは恐らく珍しいことではないでしょう。

出会ってすぐの頃にある程度の関係が築けていないと、時間が経ってから再び関係を温め直すのは、ある種の気恥ずかしさや気まずさが生じてしまうものです。友人どころか、知人とも言えない相手から突然「よぉ、久しぶり」と親しげに言われても、「俺たちそんな仲だっけ？」と思ってしまうのが人というものでしょう。

多くの場合で、出会ってすぐの頃に、もう一歩だけ踏み込んで付き合っておけば、そのうちの何人かとは本物の関係が築けていた可能性があります。誰と本物の関係を築けるかは、出会った瞬間にはなかなか分からないものです。

直感的に価値観が合いそうだと感じた人とは、小さなことでもいいからとにかく何かを一緒にやってみることです。コラボ（共同作業）を通じて、相手の価値観や能力を知ることができます。コラボにはその人自身が投影されるので、適当そうに見えて実は几帳面であったり、思っていた以上に努力家であったり、といった相手の新しい面を発見することもあるでしょう。

人と人との掛け算は時に奇跡を生む

コラボと言っても、いきなりお金が発生するものではなく、ちょっとしたボランティアや研究会など、ハードルを下げて始めてみるのもいいでしょう。そうして価値観を共にできる人と小さく始めて種をまいていくうちに、やがて芽が出て大きな花に育つ可能性もあります。人と人との掛け算は、時に想像を超えた奇跡を生むことさえあるのです。

私もクロネコキューブという謎解きイベント会社を経営する中で、かなり多くのコラボを経験してきました。時にはアーティスト、時には演者さんらとコラボする中で、いろいろな学びや発見がありました。この経験がなければ今の自分たちはなかったと言っても過言ではありません。

あなたも気になるあの人を誘って、早速動き出してみませんか？

第5章

やりたいことを全部やるための「マルチタスク」編

01 やりたいことは一つに絞らなくていい

やりたいことが増えていくほうが健全

「あれもこれもやりたい」と言うと、日本ではなんとなく居心地が悪くなるような視線を向けられることがあります。でも、もともと人間の好奇心は幅広いはずで、いろいろなことに興味を示すのは、私は心理的にも知性的にもむしろ健全な状態だと思っています。

好奇心とは面白いもので、**一つやりたいことがやれると、今度は二つめもやりたくなる。**そうしてどんどんやりたいことが広がっていくのが自然な姿なのです。

やりたいことは小さなことでいい

このやりたいことは何も大きなことである必要はありません。むしろ小さなことのほうが実現しやすく達成感を味わえるため、また次、また次と、やりたいことが増えていくようになります。

たまに「やりたいことが見つからない」と言う人がいますが、そういう人はやりたいことを大きく見積もっている可能性があります。「今度の週末にハンバーグを作ってみる」といったように小さく見積もってみることで、道が拓けてくるのではないでしょうか。

やらないといけないことをまず片付ける

もう一つ、「やりたいことが見つからない」という人に多いのが、「やらないといけないこと」を放置してしまっているケースです。

予定を組む、必要な道具を揃えるなど、まずやらないといけないことをやることで、やれることが増え、さらにそこに評価がついてくることで、それがやりたいことに変わっていく可能性は十分にあります。

それだけやりたいことというのはうつろいやすいものなのです。昔食べられなかった納豆が今では大好物になっているように、「人の好き」は自分の成長によっても変わるのですが、「人の得意」は他との比較なのであまり変わらずむしろ進化していく傾向にあります。

ですので、「たくさんの得意」を作ってつなげていくことで「小さな好き」が芽生えてきて、さらにその「小さな好き」をどんどん満たしていくことで「たくさんの好き」が芽生えてくるのではないでしょうか。

やってみてから取捨選択して絞っていくのはいいと思いますが、やらないうちから一つに絞ってしまったり、絞る時期が早すぎたりすると、むしろあなたの可能性を狭めてしまう可能性があることを、心に留めておきましょう。

本章では、「たくさんのやりたいこと」を同時進行させるために私が編みだした様々な方法を紹介していきたいと思います。

02

ＩＴを活用して複数タスクを同時進行させる

「複数のプロジェクトを同時進行させるための簡単な方法を教えてください」

ときどきそう質問されるのですが、その都度、「残念ながら簡単な方法はありません」と答えています。というのも、相応のスキルとその習熟期間はどうしても必要だからです。

中でもＩＴリテラシー（活用力）の習熟は避けて通れません。ところが質問してくる人の多くが、ここの部分がごそっと抜け落ちてしまっています。逆に言うと、そこさえクリアできれば、複数のプロジェクトを同時に回すことはさほど難しいことではありません。

意外に思われるかもしれませんが、複数のプロジェクトやタスクは、規模にかかわらず、以下の４つのＩＴツールさえあれば、混乱することなく十分に回すことができます。

メーラー（Gmail）

タスクの依頼や質疑応答、情報共有、エビデンスの記録保存といった目的でメールを利用します。一つのツールでデータを一元管理できたほうがあとあと便利であるため、できるだけ記録として残す必要性のある情報はメールを使うことを推奨しています。

特に社内の誰かにタスク依頼をする際には、メールの件名の先頭に「1208」のように希望期限を記載しておくと、タスクの期限管理がしやすくなります。

ToDoツール（Gmail付属）

Gmail上でやりとりされるタスクメールは選択して［Shift］＋［T］を押すことで、Gmail付属のToDoリストに登録することができます（77ページ参照）。登録後は、件名の期限順に並び替えたり、参考情報を追記したりすることができます。また登録されたタスクは、パソコンだけでなくスマートフォン上でも同期・参照できて大変便利です。

カレンダーツール（Googleカレンダー）

アポや会議などのスケジュール情報をGoogleカレンダーに登録し、社内やプロジェクトメンバー間で共有します。社内会議などは、相手の空き時間を確認してお互い任意に登

■ITを活用して複数タスクを同時進行させる

アポや会議などスケジュール情報をGoogleカレンダーに登録し、社内やプロジェクトメンバーで共有。社内会議などは相手の空き時間を確認して任意に登録。

タスクの依頼や質疑応答、情報共有、エビデンスの記録保存などの目的でメールを利用。

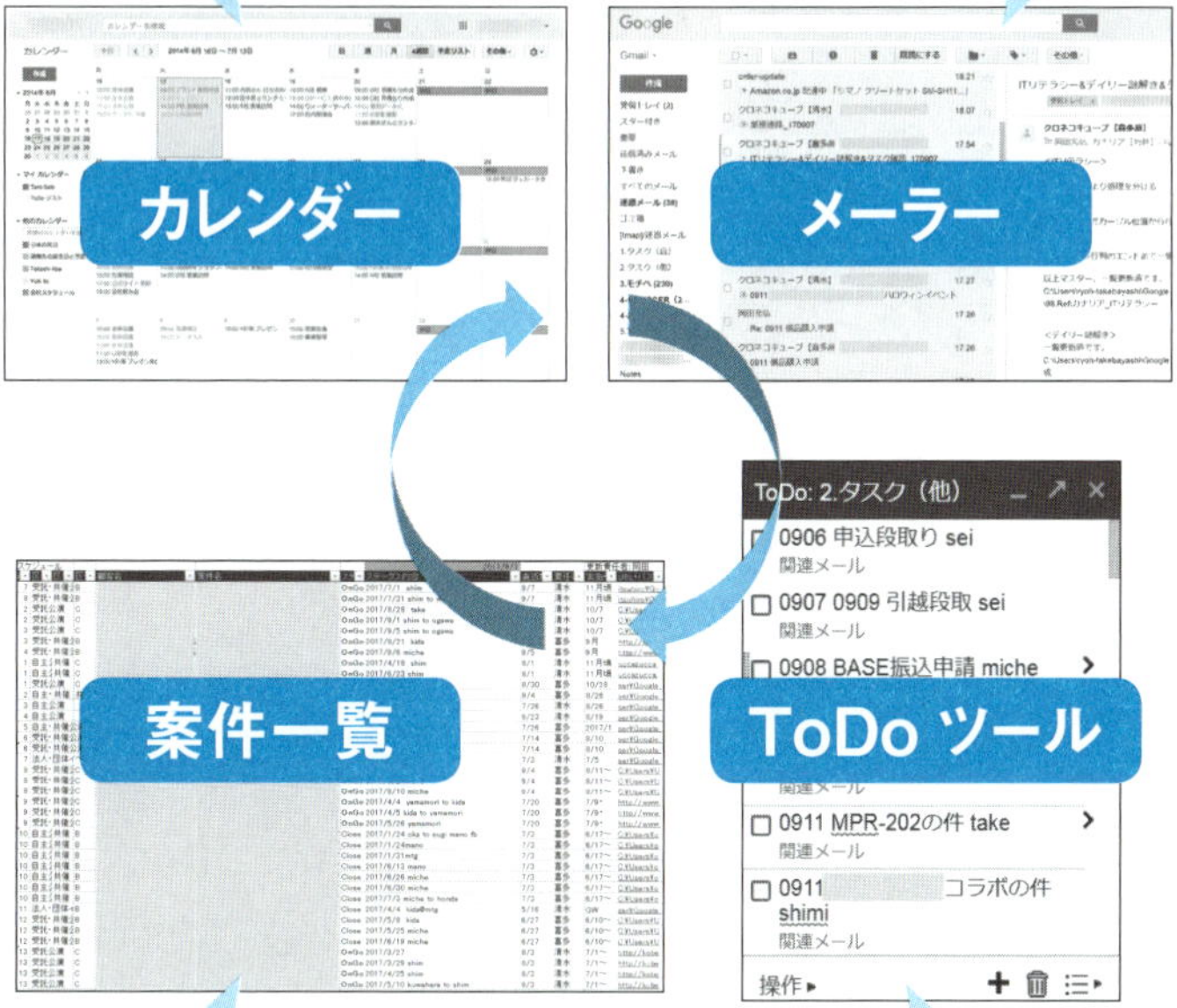

複数の案件やプロジェクトの進捗をエクセル一覧上で管理。画面で参照することを前提に、行幅を一定にすることで、ひと目で案件やプロジェクトの数が把握しやすくなる。また、行幅を超える情報については、数式バー上で確認する。

ToDo ツールを使ってタスクの一元管理を行う。
Gmail でやりとりされたタスクメールは、Shift + T で ToDo リストに挿入することができる。

録可能であることを、あらかじめルールとして設けておきます。

案件一覧（エクセル）

複数の案件やプロジェクトの進捗をエクセル一覧上で管理します。画面で参照することを前提に、行幅を一定にすることで、ひと目で案件やプロジェクトの数が把握しやすくなります。また、行幅を超える情報については、数式バー上で確認するようにします。

便利そうなＩＴツールにあれこれ手を出すのではなく、**できるだけ数少ないベーシックなＩＴツールを深く使いこなす**こと。これが複数のプロジェクトを混乱しないで同時進行させるコツなので、ぜひ実践してみてくださいね。

03

あえてオーバーブッキングさせることで仕事が倍速に

私たちはいま複雑な世の中に生きています。会社や社会の枠組みが従来のピラミッド型からプロジェクト型へと移行する中で、コミュニケーションも従来は上《じょう》意《い》下《か》達《たつ》の単純なものだったのが、フラットで多方面に向けられるものになりました。さらに労働人口も減ることから、一人が担当する仕事やプロジェクトの数は、増えていくことが予想されます。

それに伴い、私たちは複数のタスクを同時に回すことに慣れていく必要があります。

そこでお勧めなのが、仕事をあえてオーバーブッキング（過剰予約）させることで、同時進行のスキルを体で覚えていく方法です。いわば**「前向きな皿回し」**みたいなもので、1枚回せたら2枚、2枚回せたら3枚と、段階的に皿の数を増やしていくことで、複数タスクを同時進行させる力が自然と身についていくことでしょう。

取り組み始めてすぐの頃は軽い混乱状態に陥るかもしれませんが、ＩＴ活用やタスク管理の技術を磨いていくことで、カオスの中でも混乱しないで仕事が回せるようになります。

また、待ち時間や移動中などのスキマ時間の活用も必須です。スマホやパソコンを使って、スキマ時間にちょっとした仕事を終わらせましょう。さらに状況によって、タスクの処理順をこまめに変えることも有効な手段です。

こういった小さな工夫の積み重ねによって、全体の時間効率が上がって多くの仕事が回せるようになり、同時に回せること自体が楽しさへと変わってくることでしょう。

「マルチタスキング」や「多動」といった言葉に対してネガティブに捉える人もいますが、これだけ複雑な時代においては、**「同時に複数の物事を扱いつつも、混乱しないスキル」を身につけることは、もはや避けて通れない**のではないでしょうか。

そういえば私も子供の頃、病院で脳波を測られるほどの多動症で、しばしば親を困らせていたようです。現在ではそういった衝動性や機動性がビジネス上の強みにもなっているので、人生とは本当に分からないものです。

04 どんどん人に任せてマネジメントに徹する

いくら仕事が速くても、どれだけショートカットキーをマスターしていても、当然ながら一人でできる仕事量には限界があります。そういう意味では、自分が最も価値を出せる部分に集中し、それ以外を人に任せられるのが一つの理想形だと思います。

たとえば、戦略策定が得意な人はそれ以降の実行管理は人に任せ、取引先との信頼関係構築に自信がある人は大枠の話だけ決めて詳細は人に任せる、といった感じです。

人に任せることで本来自分が取り組むべき案件により多く関われるようになり、結果として付加価値を最大化させることが狙いです。ただし任せたら終わりではなく、そこからが任せた側の仕事の始まりであることも、忘れてはいけません。

以下に、人への仕事の任せ方と、そのマネジメントのポイントを3つご紹介します。

①依頼内容や目標を明確にする

初めに依頼内容や目標を明確に伝えなければなりません。

ここが不明瞭だと、依頼を受けた側が迷ってしまい、期待通りのアウトプットが出てこない可能性が高まります。

②相手が考える余地を残しておく

任せる際に、そのやり方を事細かく教えるのは時間がかかる上に、相手の思考機会を奪ってしまうので、考える余地を少々残しておくくらいがちょうどいいでしょう。

③ときどき進捗をチェックし、課題解決に協力する

任せた後は、放ったらかしにするのではなく、何らかの指標やルールに従って定期的な進捗確認が必要です。また、任せたとはいえ、課題解決や相談事には積極的に協力する姿勢が大切です。

最初から思うような状態にはならない、と思っておいたほうがいいでしょう。焦らなくても、時間が経つにつれて、お互いの呼吸やリズムが合ってきて、より任せやすくなるはずです。それに伴って、任せられる人や同時に回せるプロジェクトの数も徐々に増えてくるでしょう。私も社内外の「任せられる仲間」のおかげで、数多くのプロジェクトを回すことができています。

05 大量のプロジェクトを進捗管理する方法

「岡田さんは、なぜ同時にそれほどたくさんのプロジェクトを回せるのですか？」

そう聞かれることがあります。

タスク管理については、前項で述べた通り、4つのＩＴツールを駆使して行うのですが、大量のプロジェクトの進捗や履歴を管理するには、ちょっと工夫が必要です。

とはいえ複雑な仕組みは必要なく、むしろ仕組みはできるだけシンプルであるべきだと思っています。

ときどきガントチャート系のツールを使って進捗管理している人がいますが、結局更新が追いつかず形骸化してしまっているケースを山のように見てきました。

よほどの長期プロジェクトでない限り、大げさなツールは不要です。世の中には入力工数に対して参照価値が上回らない時間泥棒なツールが多々あります。むやみやたらに手を出すと、かえって高い時間的代償を払うことになります。

複数のプロジェクトを管理するには、エクセルで作った管理（案件）一覧とフォルダの組み合わせで十分に対応可能です。よほどの例外でなければ、グループウェア等を使わずとも、この方法で何件でもプロジェクトを一元管理することができます。

以下に管理一覧とフォルダの具体的な使い方を紹介します。

管理一覧

管理一覧はエクセルで作成します。ファイル名は「案件一覧」や「PJ一覧」など、簡潔で中身がイメージできるものにしましょう。

使い方は、プロジェクトが発生する都度、上から新規行を挿入し、進捗に関わる重要なやりとりをメール等からコピペすることで記録していきます。

管理一覧には「ステータス区分」や「期限／実施日」の項目を設けておくことで、フィルタ機能を使って期限が迫ってきている案件を抽出できるので、担当者にリマインドするなど、ネクストアクションにつなげていくことができます。また「URL・パス」の項目を設けて、参考ページのURLやプロジェクト資料の保存先パスを記録しておくと、いざという時に情報を取り出せて大変便利です。

フォルダ

管理一覧の「URL・パス」欄に記載されている保存先で、プロジェクト資料を管理していきます。その際に重要になってくるのが、整理のルールです。フォルダ・ファイルの整理は、私が〝家系図の法則〟（72～73ページ参照）と呼んでいるMECEの考え方をベースに構造化することで、誰でも直感的に探しやすくなります。以下はその例です。

- フォルダ：「項番号」「.」「タイトル名」

  1.Marketing

  2.Sales

  3.Manufacturing

- ファイル：「項番号」「.」「カテゴリ名」「_固有名詞」「_ 6桁暦年」「_Ver.No」

  1. 見積書_クロネコ商事_191102_3

  2. 注文書_クロネコ商事_191106_2

  3. 請求書_クロネコ商事_191120

これらの管理方法は地味に見えますが、大量のプロジェクトを回せるかどうかは、結局一度決めた運用ルールを徹底できるかどうか次第です。ぜひ習慣化してくださいね。

06
全部やるために結論を持ち越さない

やりたいことを全部やるためには、当然ながらやらないといけないこともたくさん出てきます。これらをガシガシ片付けていくには、とにかく結論を持ち越さないことです。もしその都度結論を持ち越していたら、やることがどんどん溜まっていき、やがて回らなくなってしまいます。

会議でときどき「検討して次回の会議までに……」といったシーンを見かけますが、実際は**次回に持ち越しても時間をかけたほどの結論が出ない場合がほとんど**です。であれば、その都度70点でもいいからサクサクと結論を出していき、ダメなら後から軌道修正していくくらいのほうが、仕事のテンポも良くなり、結果として好循環が生まれてくるのです。

人と議論をしてその都度結論を出すためには、普段から率直な対話を心がけることです。

相手に対して変に遠慮することなく、「こちらの方法はいかがですか？」「明日から一緒にやりましょう」など、具体的な結論やアクションにつながる話をすれば、お互いの理解も早まり、それだけ目標に早く到達することができます。

ただし、率直に接する大前提として、相手への敬意や謙虚さを持つことを忘れてはいけません。それがないと単なるキツい人になってしまうので、注意が必要です。あくまで双方にとって最善の目標に到達するための、敵意なき率直さを心がけましょう。

率直であることは、結果として信頼関係の構築にもつながります。多民族がひしめき合う海外では、率直でなければ意図は伝わりませんし、個人としても認識してもらえません。舐《な》められてしまって交渉面で不利になることもあります。日本のように都合よく相手が意図を汲んでくれることを期待しないほうがいいでしょう。価値観が多様化する近年の日本においても、海外と同様のことが起こりつつあります。

自分一人で決めるにしろ、誰かと議論をして決めるにしろ、躊躇《ちゅうちょ》している間にチャンスを逃してしまうことは少なくありません。もちろん私も何度も経験しています。

勇気と率直さを持って、結論を持ち越さないクセをつけていきましょう。

07 撤退の基準をあらかじめ決めておく

たくさんのタスクやプロジェクトを回していると、当然うまくいかないものも出てきます。中には、人やお金の問題で継続するのが困難な状況に陥る場合もあるでしょう。

困難からすぐに逃げ出してしまうのは考えものですが、明らかに撤退したほうがいいのに、そのままズルズルと続けて無駄なお金や時間が失われてしまうことは、避けなければいけません。

撤退のタイミングを逃さないようにするには、何らかの基準が必要になるでしょう。その基準は人や会社によっても異なるとは思いますが、「人」「モノ」「金」の3つの切り口で以下に整理してみたいと思います。

人

人間関係のもつれや個人的な事情によってプロジェクトから重要人材が抜けてしまって、どうしても代わりの人が見つけられない場合は、残念ながら撤退を考える時かもしれません。

私の会社でも何度か重要人材に抜けられたことがありますが、その都度代わりの人が見つかるという幸運に恵まれたため、なんとか撤退しないでこれました。普段から有事に備えた人探しや、候補者との関係構築を怠らないようにしましょう。

モノ

仕入先の事情で重要資材が手に入らなくなり、その代替品すら存在しない場合は、撤退を考える時かもしれません。そうならないようにするには、有事に備えて普段から代替資材を調査・準備しておくことです。

私が経営する会社でも、これまで資材調達上の危機が何度もありましたが、その都度在庫で時間稼ぎしながら、新たな調達先を見つけるなど、なんとか綱渡りで生き延びてこられました。重要資材やサービスは、普段から代わりの調達先を探しておくようにしましょう。

金

思った以上に売上や利益が伸びない上に、プロジェクト資金の見通しがつかなくなれば、撤退を考える時かもしれません。そうならないようにするには、普段からコスト管理をまめに行うことで、キャッシュが減るのを抑えることです。また借入や出資を受けることによっても、キャッシュを確保することはできます。

私の会社でも過去何度かお金が尽きかけましたが、収益源を増やすのと、経費削減によって、なんとか撤退は避けてこられました。お金は予想以上に速く減るものなので、十分なキャッシュの確保を心がけましょう。

せっかく作り上げたものから途中で撤退するのは、大変勇気がいることですが、人・モノ・金の視点で**「この一線を超えたらやめる」といった線引きをしておくことは、安心や自信にもつながる**はずです。

第6章

やりたいことを全部やるための

情報発信

編

01

人は誰かに認められることでもっと輝ける

人は誰しも自分の仕事や行いを認められたいと思っています。

「他人のことは気にしない」とうそぶいていても必ず気にしています。人は誰かに認められることで、無意識のうちに自分が何者であるかを確認しているのです。

その気持ちの存在を認めるだけでも、健全な自意識が働き、自我の開放がうまくいくようになります。**自我の開放を抑えてはいけません。他人に抑えられてもいけません。誰しも表現すべきことがあり、それこそが余人をもって代えがたいあなたらしさ**なのです。

そもそも人間ほど高度な自己表現を行う生き物は他にありません。知能の高度さよりも、むしろその表現の繊細さや力強さが賞賛されるべきです。人はみな生まれついての芸術家と言ってもいいくらいです。

仕事における表現の方法は、自身の言動や振る舞い、成果や成果物などいろいろあると思います。しかし、他人は自分が何を表現したらいいかまでは教えてくれません。こればかりは、自分自身の生活や実体験の中から見つけていくしかないでしょう。余計な感情、考え、所作など、自分らしくないものを一つひとつそぎ落としていくことで、ピュアな自分と出会うことができるのです。

自分を表現するということは、いわば自分という楽器を弾くようなものです。その音色が誰かに伝わり、何かを感じ取り、喜びや感謝の念として返ってくることが、〝認められる〟ということです。人は誰かに認められてこそ光り輝けます。

逆に言うと、**せっかくの考えや能力も、自分の中に閉じこめてしまっていては、何ら価値は生まれてきません**。いろいろな方法で周りに知ってもらい、認めてもらうことで、がんばろうという気持ちが芽生えてくるだけでなく、やりたいことを全部やるのに必要な、運や縁を引き寄せられるようになるのです。

私もこれまで多くの表現や発信をしてきましたが、そのおかげか、こちらからお願いしなくても「知恵や力を貸そうか」「良い人を紹介しようか」といったご縁や機会に恵まれることが何度かありました。もちろん頂きっぱなしは良くないので、逆に自分も誰かの表現や発信を感じ取り、迷惑にならない程度にこちらからも働きかけるように心がけています。

02

量ではなく、どのように知られるかが大切

最近は、個人がライフスタイルや近況をFacebookのようなソーシャルメディアを使って、自由に情報発信できる時代になりました。それによって、今まで縁遠かった他人がより身近に感じられるようになり、実際多くのつながりやイベントも生まれてきています。

一方で、勤務時間中のソーシャルメディアの利用については、ネットサーフィンと同様に時間が奪われたり、社内の機密情報が漏れてしまったりと、いろいろと問題も出てきているようです。

たしかに、タレントや知名度が仕事につながるような人にとっては直接的なメリットが期待できますが、会社勤めで顧客接点の少ない職種のビジネスパーソンにとっては、ソーシャルメディアの活用が成果の向上と関係するかといえば、微妙なところでしょう。

また、SNSやブログなどで、他人の妬みや反感を買うようなコメントをして炎上したり、プライバシーに関する情報が公開されてしまい、トラブルや社会問題にまで発展する、といったケースも少なくありません。ソーシャルメディアのリスクは、潜在的なものを含めると、まだまだ把握しきれていないところもあるはずです。

そして何より、目的が曖昧なままソーシャルメディアを利用していると、膨大な時間を失います。情報の価値は受け取った側が決めるとはいえ、明らかに無駄な情報発信はできるだけ控えることで、自分の時間だけでなく、他人の時間をも節約できるのです。

発信は個人の自由だという考え方もありますが、やりたいことを叶えるための発信であれば、それなりの工夫や配慮は必要になってくるでしょう。

ネガティブな発信は一時的な共感や同情の声は得られても、未来に続く賛同や協力を得ることはできません。誰かを傷つけて余計な批判対応に追われるのではなく、あくまで**自分の考え方ややりたいことを知ってもらうことで、まだ見ぬ賛同者・協力者が現れるのを期待したい**ところです。

結局のところ、ただ多くの人に知られるよりも、どのように知られるかが大切なのです。

03 普段使いのＳＮＳをできるだけ絞り込む

ソーシャルメディアがこれほど世の中に広まるとは、いったい誰が想像したでしょうか。

私もここまでとは予想していなかった一人で、ブログが流行《はや》りだした時も「自分の日記をわざわざ人に見せるなんて……」みたいな感じで、自意識の強い人だけが利用するものだと思っていました。

実際、会社員だった頃の私は、仕事でＳＮＳの必要性を感じていませんでしたし、文章を書くことと縁遠かったこともあって、面倒な存在くらいにしか思っていませんでした。

それが今では、私自身の仕事や私生活にとって、ＳＮＳは欠かすことができないコミュニケーションツールとなっているわけですから、なんとも不思議なものです。

一方、Facebook や Twitter、Instagram、ＬＩＮＥなど、これまでに様々なソーシャルメディアが登場してきましたが、すべてを仕事で活用している人はいったいどのくらいいいるのでしょうか。

というのも、これだけ日々新たなサービスが生まれてくると、ユーザーがそれらを選択・検証するだけでもかなり大変です。ソーシャルメディアが本当に仕事にとってプラスに働くかどうかは業種・職種によっても異なりますし、いろいろと議論の余地があるでしょう。ましてや、多くのソーシャルメディアに手を出しすぎると、本業の時間も取られますし、集中を妨げてしまうことにもなりかねません。

そういった意味でも、私は普段使いのSNSは流行りに流されず、できるだけ絞り込んで深く使い込むことをお勧めしています。ただ最初からあまりに絞り込みすぎると、逆にどのSNSが自分の仕事に合っているかが分からなくなるので、「まずは一度使ってみてから、不要だと感じたものは使わない」といったように取捨選択していくといいでしょう。

SNS等を通じた発信やご縁作りは大切なことですが、「何でもいいから発信する」「誰とでもいいからつながる」といった安易な発想は避けて、しっかりと自分自身と向き合った上で、意味のある発信やご縁作りを心がけていきたいものです。

ちなみに私は、**Facebookは知人向け、ブログやTwitterは一般向けの情報発信に使いますが、InstagramやLINEなどはほとんど使いません。**

04

SNSを目的に応じてうまく使い分ける

多くの著名人が、ブログやTwitterのような新しいメディアを使って自分の活動を情報発信しています。これは著名人に限ったことではなく、今では誰もがソーシャルメディアを使って、自由に情報発信できる時代です。

そして多くの人が経験していると思いますが、SNSでの情報発信がきっかけとなって、様々な仕事やご縁につながる、といった話は今の時代は珍しくはないでしょう。

一方で、中には流行りにのってなんとなくSNSを使っている人も多く、仕事ややりたいことを実現するために、より戦略的にSNSを活用しようとしている人はまだ一部しかいないという印象があります。

実際のところ、FacebookやInstagram、LINEのような従来型のSNSに加えて、

YouTubeのような動画共有サービスでさえ、個人の情報発信やコミュニケーションを目的として利用されるようになってきていることから、SNSとそれ以外のサービスとの境目がどんどん曖昧になってきているように感じます。

それに伴いSNS的な使い方をするサービスで溢れかえってきているわけですが、**それぞれのサービスの特徴を知った上で、どのように使い分けるかを明確にしておく**ことが大切です。

たとえば、ブログとTwitterの違いで言えば、ブログが画像や文字装飾などが使える「覗《のぞ》き見されたい日記」とすれば、Twitterはテキストベースで気軽に投稿できる「ちょっぴり聞かれたいつぶやき」といった感じでしょうか。

以下にSNSの使い分けのヒントになる簡単な特徴と、少し独特な私の使い方を例として紹介しておきます。

- **ブログ：テキストと写真、長文ＯＫ、記録性高い**

↓コンテンツ性の高いものを記録・共有、再編集にも利用

〈参考例〉https://www.canaria.ne.jp/blog/

●**Facebook：テキストと写真（＋動画）、やや長文OK、流れる**
→知人限定で日常の出来事や考え方、宣伝ネタを共有
●**Twitter：テキスト中心、短文（最大140字）、流れる**
→Facebookで反応の良かった考え方や、宣伝ネタを共有
〈参考例〉https://twitter.com/Mitsuhiro_Okada
●**Instagram：写真中心（＋動画）、記録性まあまあ**
→仕事では動機が少ないためほぼ利用せず、検証用
●**LINE：テキスト＋スタンプ中心、長文も可、流れる**
→仕事では動機が少ないためほぼ利用せず、検証用
●**YouTube：動画中心、記録性高い**
→ブログやTwitterに代わる一般向け発信ツールとして検証中

ちなみに私の場合は、Facebookは、仕事に関する情報発信の目的以外に、人と会ったり遠方を訪れたりした際の感情を綴った「思い出アルバム」としての役割も果たしています。必ずしも人と同じやり方でなくていいので、目的に応じた自分だけのSNSの使い方を見つけてみませんか？　きっといろいろと世界が広がるはずです。

05

SNSで安易に人とつながらない

Facebookを代表とするソーシャルメディアの登場のおかげで、人と人との距離感はずいぶんと縮まりました。友達の承認依頼をしてくる人の多くは実際の友人・知人なのですが、中にはまったく知らない人から承認依頼が来ることもあります。

たしかに、いろいろな人とつながっていくことがソーシャルメディアの醍醐味《だいごみ》でもありますが、やはりそこにはそれなりのリスクも存在します。

たとえば、何も考えずに安易につながっていくと、安全上の問題に直面することになります。自分の居場所やプライベートの情報を投稿することで、他人に自宅や外出先が知られることになると、ストーカーや空き巣被害を誘発する恐れが生じます。

また、予定を知られることで、キャンセルした理由とつじつまが合わなくなったり、気乗りがしないお誘いを断る理由を失ってしまうことにもなります。

せっかくのご縁やつながりは大切にしたいところですが、価値観の異なる人とのつながりが闇雲に増えていっても本当の関係は築けませんし、ただ時間が奪われるだけです。

知らない人と安易につながることは、リアルな世界でもネットの世界でも、冷静に判断する必要があります。

私の場合は、Facebookを公私一体型の使い方をしているので、知らない人から友達の承認依頼がきても承認していません。また、公開範囲も「友達」で標準設定しています。Facebook上で、制限リストの機能を使って、人によって表示される情報に制限をかけることもできますが、誰を制限リストに入れたかを忘れてしまうので、できればそこに頼らず、投稿するコンテンツの内容で調整するようにしています。

ちなみに、Twitterフォローは相手側の自由なので、Facebookとは違ってプライベートに関する情報や個人情報の類は掲載しないようにしています。

意図せぬ炎上や下手するとストーカー被害にあうなど、ＳＮＳの世界ではこれまでの常識では想像していなかったようなトラブルが起こり得るので、誰とつながるかや何を公開するかなどには注意していきましょう。

06

他人を「いいね！」することに人生を捧げない

「いいね！」することに人生を捧げない

Facebookの「いいね！」は、本来誰もが持っている「周りから認められたい」「人から尊敬されたい」という承認欲求を突いた、ある意味巧妙な仕組みだと思います。

しかし、やたらに「いいね！」をするのは時間をとられますし、自分に確固たるものがないのに他人の「いいね！」ばかりしていても何の成長も得られません。他人に関心を持つのはいいことですが、私はもっと自分自身や自分の人生を見つめるべきだと思っています。

そういう意味では、本当に「いいね！」、と思った時だけ「いいね！」をするので十分でしょう。他人への点数稼ぎのために、「いいね！」に人生を捧げる必要はありません。

それに、**本心では良いと思ってないのに、「いいね！」をしていたら、自分が誰だか分からなくなってしまいます。**

ソーシャルメディアがなかった時代の偉人たちは、自分の仕事や行動でその名を轟《とどろ》かせてきました。本物として他人に認められたいのなら、やはり仕事や行動の質の向上に時間を費やすべきです。他人とのつながりが意味を持つのはネットもリアルも同じですが、あなたの人生を輝かせる、もっと大切なことから目を背《そむ》けてはいけません。

いちいち返事しない、反応しない

ソーシャルメディアに投稿した内容に対して、コメントが入ることがあります。誰しも自分の投稿に対して、人から反応があると嬉しいものです。しかし、コメントには良いものも悪いものもあります。ちなみに、Facebook は比較的友人・知人から良いコメントが入りやすいのが特徴です。一方で Twitter や YouTube、ポータルサイトの公開コメント欄といった匿名かつ不特定多数の人の目に触れるものは、時に悪いコメントが入ることもあります。

また、すべてのコメントに返事を返している人をたまに見かけますが、いったいいつ仕事をしているんだろう、と不思議に思うこともあります。すべてにコメントを返すのは時間的に無理があるだけでなく、集中力も奪われます。もし今あなたが無理をしてコメントを返しているのであれば、自分が適切と思うものだけに反応するようにしましょう。

投稿をしばらくお休みしてみる

もしソーシャルメディアへの投稿に心理的な負担や義務感を感じるようになってきたら、無理せずお休みすることをお勧めします。

投稿を止めたら周りが心配するのではないか、良くないことを思われるのではないか……などと不安に思う必要はありません。そう思った時点でソーシャルメディアの弊害を受けていることになります。

そもそも**ちょっと前までなかったのですから、なくなっても本来困らない**はずです。

お休みする前にひと言、「しばらくお休みしよっと」「仕事に集中せねば」といったツブヤキ投稿をしておくだけで十分です。

また、お休み宣言後に一時的に投稿したくなった場合にも、「今日はどうしても書きたくなったので、書いちゃいます」ぐらいの緩いルールでいいのではないでしょうか？

つながりを得るために自分を縛る必要はありません。**ソーシャルメディアとの距離感もそろそろ見直す時**が来ているのではないでしょうか。

07 大切なことをSNSではなく背中で語る

大切なことが相手にうまく伝えられず、ついイラっとしてしまった経験は、恐らく誰しもあるのではないでしょうか。逆に聞き手にとっては、いくら熱心に相手から説かれても、自分の実感がわかなければ、心の底から理解することは難しいでしょう。

また、伝えられるタイミングによっても、自分の中で消化しきれないこともあるはずです。それだけ他人に何かを伝えるということは、本来思いのほか難しいものなのです。

自分がやりたいことをやるためにも、周りの人や関係者に知ってもらうことは大切です。しかし、その伝え方は必ずしも直接的な言葉やSNSなどにこだわる必要はないのではないでしょうか。

たとえば日本で昔から言われている「背中で語る」ことだって、相手にその意思・意図がはっきり伝わるのであれば、それは強力なメディアということになります。

「背中で語る」とはどういうことかというと、まさか何も背中に文字を書くというわけではなく、自ら率先垂範して動くことで、その行動実績で他人に影響を与えていくということです。つまり、行動そのものが強力なメディアになるということです。

元なでしこジャパンの澤穂希《さわほまれ》選手が、現役時代に試合で運動量の落ちてきた後輩選手に対して「苦しくなったら、私の背中を見なさい」と語った上で、自らが最も走り続けた、という逸話はあまりにも有名です。これでがんばれない人は恐らくいないでしょう。**「背中で語る」ことは、言葉で伝えるよりも何倍もの効果があり、その効果も持続する**のです。

では、実際どうやって背中で語っていくかというと、何も特別な仕掛けはいりません。伝えたいことさえ明確になっていれば、あとは自ら覚悟を持ってやるだけです。自らが没頭する姿を見せることで、周りが少しずつインフルエンスされ（影響を受け）、やがてそれが大きなうねりへと変わっていきます。どれだけデジタル化が進んだとしても、人間にとって本当に大切なこと、たとえば考え方や取り組む姿勢などは、ＳＮＳではなく背中でしか語り継げないと信じています。やりたいことをやるための縁や運を引き寄せるためにも、どんどん背中で語っていきましょう。

08 リアルなつながりも大切にする

Facebook や Twitter、ブログなど、日々ソーシャルメディア上に膨大な量のコミュニケーションが発生しています。それと同時に、かつて商流や交流といえばリアルな世界で行われるのが当然でしたが、今ではネット上にもう一つの市場、もう一つのコミュニティが築かれているイメージです。

一方で、私はネットの世界にのめり込みすぎるのも考えものだと思っています。「それだけネットを活用しておいて……」と言われそうですが、だからこそ大きな関心を寄せているテーマでもあります。実際に、ネット上の誹謗・中傷が大きな社会問題にまで発展するなど、最近はこれまでにない複雑な問題も起こってきています。

「ネットか？　リアルか？」みたいな議論は尽きませんが、本書をお読みの方には「やりたいことがやれる人生」から逆算して「つながりの価値」について考えてみることをお勧めします。

人によっても異なると思いますが、私がつながりに求める価値は、「どれだけ学び合えるか」「どれだけ刺激し合えるか」といったところにあります。また、私の場合はやりたいことの前に「人に恵まれた人生を送る」という目標があります。

そういう意味では、それはネットかリアルか、といったところはあまり重要ではなく、互いに補完し合って一つの世界をなしていると考えたほうがいいでしょう。

ネットに偏りすぎているところはリアルに戻しつつ、これまでリアルが当たり前だったことはネットでも試行し始めてみる――そういった感じがいいかもしれません。

興味のありそうなイベントや勉強会の情報をネットで知り、リアルにそこに行ってみて誰かと一緒に何かをしてみることで、信頼関係を少しずつ築いていく。ネットとリアル、どちらかに偏りすぎることなく、行き来しながら人とのつながりをより豊かなものにしていくことで、やいたいこと・やれることの幅がきっと広がっていくはずです。

第7章

やりたいことを全部やるための「メンテナンス」編

01 いい仕事をするために心をメンテする

やりたいことをやるための道のりは決して楽なものではありません（と思っておいたほうがいいでしょう）。なにせ今まで何らかの理由でできていなかったことを、一気にしかも全部やろうというわけですから、大なり小なりの気苦労があって当然だと思います。

特に向上心や責任感の強い人に限って無理をしがちですが、そのしわ寄せはやがて必ず心身に現れてきます。身体の疲れはある程度わかりやすいのですが、心の疲れは自分ではなかなか気づかないため、やっかいなのです。

やりたいことを全部やるためにも、心のメンテナンス方法を覚えておいて損はありません。特に**「いやいや、自分は大丈夫」「目の前の仕事を一刻も早くやらねば」といった生真面目な方ほど危険**です。

運悪く様々なトラブルや体調不良などが重なってしまうと、「ある日突然身も心も燃え尽きてしまって……」といったことになりかねません。以前勤務していたコンサルティング業界でも、残念ながらそういう方は一定数いるのが常識でした。

そもそも**会社生活は、一発勝負のトーナメント戦というよりも、長期にわたって安定したパフォーマンスが求められるリーグ戦に近い**と言えます。したがって、長い戦いを生き残っていくために必要なことだと割り切って、心のメンテナンスに取り組んでほしいと思います。

〝仕事の余韻〟を打ち消す時間を持つ

かくいう私もかつては自身のメンテナンスはあまりうまいほうではありませんでした。家に帰ってから寝るまでの時間も、トイレでも、お風呂でも、土日祝日も、夢の中でも、ずっと仕事のことが頭から離れませんでした。しかもそのほとんどが、根拠のない不安感やちょっとした人間関係のことなど、考えても仕方のないことばかりでした。

そんな私がいま意識しているのは、とにかく頭から仕事のことを切り離す時間を確保するということです。週末小旅行や音楽イベント、夜の一人映画といった、別の強い刺激を与えることで、頭の中に残っている〝仕事の余韻〟を打ち消してしまいます。

これが自宅の近隣でちょっとした外食や買い物をするくらいだと、刺激が弱くてどうしても仕事の余韻のほうが勝り、またムクムクと仕事のことを思い出してしまうのです。

もう一つ心のメンテナンスに有効なのは、思い切ってモノや情報をバッサリ捨ててしまうことです。私たちは普段、無意識のうちにいろいろなモノや情報を増やしていっています。

「なんだかウツウツしてきたぞ」と感じる場合には、身の回りのものをバッサリ捨ててしまうことで、今までいかにそれらが心に重くのし掛かっていたかに気づかされます。心が軽くなるだけでなく、モノや情報を探す時間も減るので一石二鳥と言えるでしょう。

02 長く働ける健康な体を作り上げる

つい仕事にのめり込みすぎて、健康管理を後回しにしている人を見かけます。そのツケは、ある日突然、体に異変が起こるなど、何年後か何十年後かに必ずまわってきます。後から後悔しないためにも、健康な体作りを日頃から意識することはとても大切なことです。

私の場合は、体のケアのために毎日のランニングと週3~4回のジム通いを続けています。ランニングは前日の宴席のアルコールを抜くのにも良いですし、汗をかくことで体の代謝が良くなる実感を得ています。ジムでは体を大きくするのではなく身軽に動けるタフな体を作るため、軽めのウェイトで持久力向上中心のメニューを行っています。

そのほか、年数回のトライアスロンの大会に出場するため、スイムスクールに通ったり、淡路島や琵琶湖に自転車のトレーニングに行くこともあります。

他に有効なのが、なんといっても睡眠です。ショートスリーパーを自負される方もいますが、長期的には免疫力が下がり病気になりやすくなるなど、体のどこかに異変が生じるようです。

私がかつてコンサルティング会社に勤務していた頃は、毎日夜中の3時過ぎまでプロジェクトルームにいて、タクシーで帰宅して少し寝てから、また朝9時にはプロジェクトルームに出社、といった日々が何年か続いたことがありました。

さすがに身も心もボロボロになって仕事のパフォーマンスもさほど上がらなかったと思います。今は1日6時間以上は睡眠をとるようにしているので、体は毎日快調です。

自宅の掃除は一石三鳥のケア方法

食事は体重をいたずらに増加させないよう、食べるものや食べ方に気を配っています。お酒は量を減らしてハイボールを中心に、食事は食べすぎず野菜や肉・魚を中心にとるように心がけています。もちろん毎日できるわけでなく、できない日もあるのですが、そんな時でも自分を責めずに長期的に取り組んでいこうと思っています。

その他、変わったところで言えば、自宅の拭《ふ》き掃除や風呂場の掃除などは、意外と体力や筋力を使いますし、かつ自分の気分も良くなって家族にも喜んでもらえるなど、一石三鳥のケア方法なのでとてもお勧めです。

やりたいことを思いっきり楽しむためにも、固定観念を捨てて、試行錯誤しながら、自分なりの体のケア方法を身につけてもらえればと思います。

03
まとめ読みでニュース中毒を防ぐ

人は誘惑に弱い生き物です。そして際限なく知りたがります。それだけにインターネットニュースという存在は少々やっかいで、紙メディアと違って人間の〝知りたい欲求〟にどこまでも付き合ってくれます。しかも無料で。

内容の濃いニュースであればまだいいですが、質の低い記事をなんとなく最後まで読んでしまったり、巧妙な記事タイトルにひっかかって気がついたら膨大な時間が奪われてしまっていた……といった後味の悪い経験をした人も少なくないのではないでしょうか。

そういったネットの〝罠〟に陥らないようにするためにも、ニュースは闇雲に見るのではなく、それらを見る場所や時間、方法、対象などをあらかじめ決めておくことで、適度に抑制することができます。

たとえば私の場合は、そもそもパソコン上でネットをあまり使わないようにしています。パソコンでは主にオフィスソフトを使った資料作成やクリエイティブツールを使った創作作業を行い、それ以外の調査・調整・申込などのネットを必要とするインフォメーションワークは、できるだけスマホで実施・完結するようにしています。

実際、日頃の情報収集はスマホのChromeのブックマークに登録してある時事やビジネス、テクノロジーなどのニュースサイトを数十件まとめて開き、スキマ時間を使って順次チェックしておくようにしています。

行きあたりばったりの情報収集をなくすために、**あらかじめ参照する情報源を定めることで余計な〝衝動読み〟を抑える**のです。もちろん、偶発的に発見する情報にも価値はありますが、そこは集中力や消費時間とトレードオフなので注意が必要です。

かつてはモノ不足の時代がありましたが、今はモノ余りの時代です。それと同じく情報も、情報不足の時代から今やすっかり情報過多の時代です。情報過多の時代には、価値ある情報を選別することと、**知りすぎない勇気を持つ**ことが大切です。やりたいことをやるためにも、ジャンク情報の誘惑に負けないよう、自制していきましょう。

04

全部やれる人は、夜に自分を磨く

前職のコンサルティング会社で、夜中遅くまで会社に残って仕事をしたり、オン・オフ境目なく働き続ける人を数多く見てきました。私もその一人だったかもしれません。

若くて未熟な時期は、一定量以上の仕事をこなすことで早期にスキルアップを図ることができますが、可処分時間のすべてを仕事に充ててしまうと、インプットやメンテナンスの時間がなくなり、長期的に見た時にかえって成長が遅くなったり、幅の狭い人材に育ってしまう恐れがあります。

スポーツと同じで、仕事は本番時だけガムシャラにやっても成長しません。

長期間活躍するためにも、日々の仕事はできるだけ定時で切り上げ、夜の時間は自分磨きに時間を確保しておくことをお勧めします。


自分磨きと言っても能力面や体力面、人間的な面などいろいろあると思います。

私の場合は通常19時以降は、「ジムやランニングで体を鍛える」「ITリテラシー（ITを活用する能力）や語学の勉強」「カフェでビジネス本を読む」「刺激をもらえる人と会食」のいずれか二つ以上を実践するようにしています。

「語学」や「会計」など、ビジネスパーソンが身につけるべき基礎スキルはいろいろあると思いますが、中でも**「ITリテラシー」は利用機会が多く、作業効率面で即効性を期待できることから、時間をとってレベルアップに努めたいところ**です。

具体的には、Windowsやメーラー、ブラウザ、オフィスソフト、PDFリーダー、スマホアプリなど、日常よく使うものを対象に、各種の便利機能やショートカット機能を中心に実践演習を繰り返していくといいでしょう。

私の場合は、仕事中に出てきたIT系の課題は、5分以内に解決できそうであれば即時に対応し、それ以上かかりそうなものであれば、ToDoリストに記録しておき、夜や土日の時間でまとめて検証・解決するようにしています。そこで得た知識は「ITリテラシー一覧」と称するリストに登録し、習得するまで何度も繰り返して体で覚えていくようにしています。ITリテラシーはセンスに関係なく、日々の積み重ねで確実に成果に表れるので、ぜひ継続してみてくださいね。

05
パソコンの余計な視覚効果をオフにする

ライトユーザーへの配慮なのかマーケティング上の理由なのかは分かりませんが、買ったばかりのパソコンは、初心者向けのおせっかいな視覚効果がふんだんに施されています。実はこれ、パソコンの性能をかなり圧迫しています。

プライベートでメールやネットを楽しむ程度であれば問題ありませんが、もし仕事でばりばりパソコンを活用したいのであれば、これらのハンディキャップは初めに取り除いておくことをお勧めします。以下に、無駄な視覚効果を省いて、パソコンの性能を限界まで引き出すための二つの方法を紹介します。

一つ目は、**Windows10のスタートメニューを旧Windowsの簡素なスタイルに変更する方法**です（238ページ参照）。

Open Shell（https://freesoft-100.com/review/classic-start.html）という無料ソフトがインストールされていることが前提になりますが、スタートボタン上で右クリックし、「設定」を選ぶとOpen Shellの「クラシックスタートメニューの設定」ウィンドウが開きます。

そこで「スタートメニューの様式」タブからWindows7などの旧スタイルにチェックを入れてOKを押すと、スタートメニューなどが旧式のシンプルなスタイルに変わります。

また、デスクトップで右クリック→個人用設定→「色」→「透明効果」をオフにすると、装飾効果が減って、さらにパフォーマンス向上につながります。

2つ目は、**Windowsのパフォーマンス設定を見直す**方法です。

スタート→「プログラムとファイルの検索」ボックスに「システムの詳細」と入力→「システムの詳細設定の表示」を選択→「システムのプロパティ」の「詳細設定」タブ→パフォーマンス欄の「設定」をクリック→「パフォーマンスオプション」の「視覚効果」タブ→「パフォーマンスを優先する」をチェック→続いて「カスタム」にチェックし、以下の2項にチェックを入れてOKを押せば完了です。

- **「アイコンの代わりに縮小版を表示する」　※フォルダで資料のサムネイルを表示**

■パソコンの余計な視覚効果をオフにする

スタートメニューを旧スタイルに

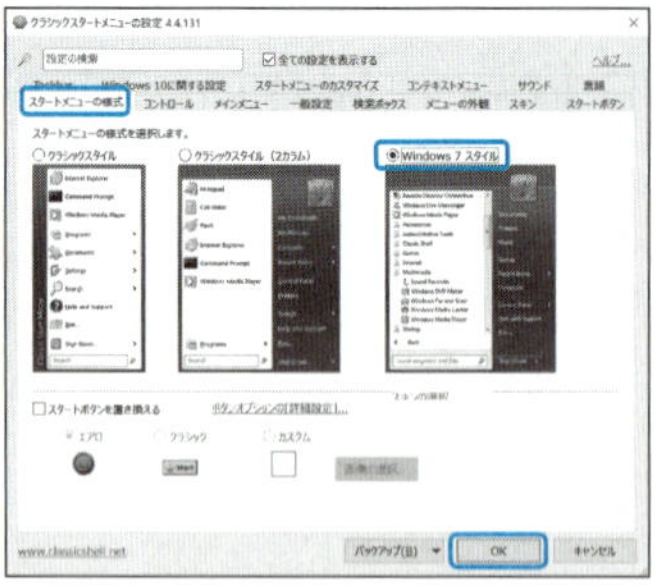

「Open Shell」という無料ソフトをインストール→スタートボタン上で右クリック→「設定」を選ぶ→ Open Shell の「クラシックスタートメニューの設定」ウィンドウが開く→「スタートメニューの様式」タブからWindows7 などの旧スタイルにチェック→OK

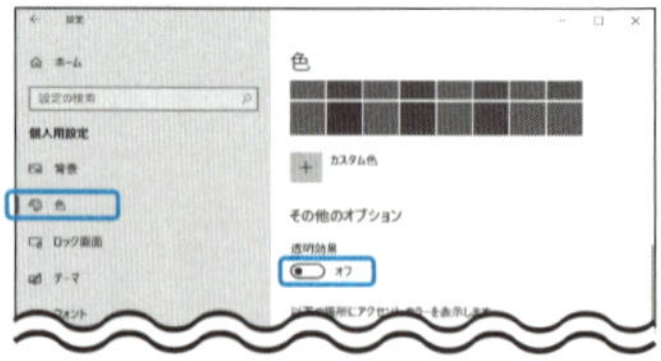

デスクトップで右クリック→個人用設定→「色」→「透明効果」をオフ

パフォーマンス設定を見直す

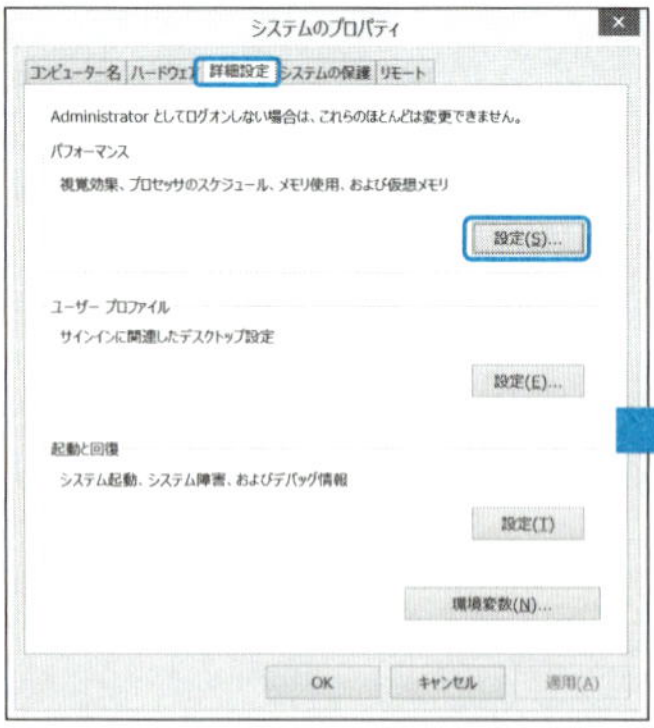

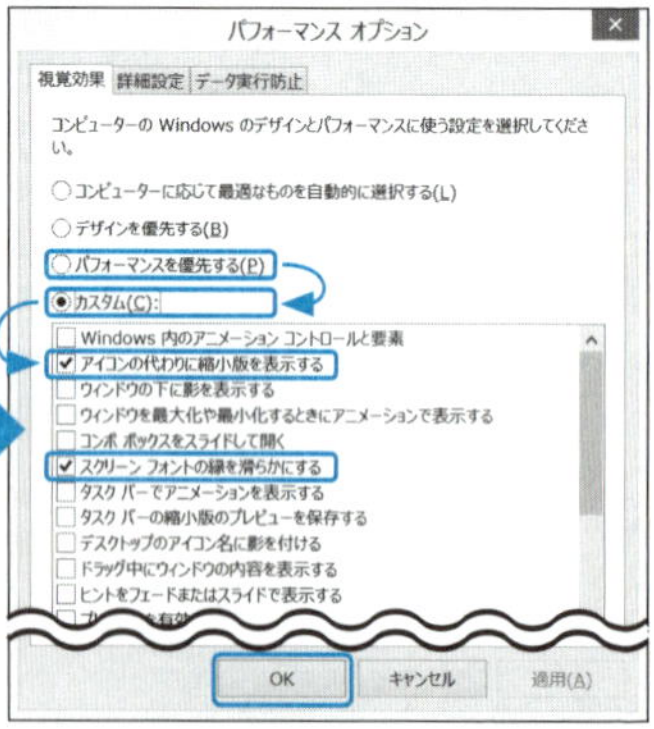

スタート→「プログラムとファイルの検索」ボックスに「システムの詳細」と入力→「システムの詳細設定の表示」を選択→「システムのプロパティ」の「詳細設定」タブ→パフォーマンス欄の「設定」をクリック

「パフォーマンスオプション」の「視覚効果」タブ→「パフォーマンスを優先する」をチェック→「カスタム」にチェック→「アイコンの代わりに縮小版を表示する」と「スクリーンフォントの縁を滑らかにする」にチェックを入れてOK

・「スクリーンフォントの縁を滑らかにする」　※フォントを見やすくする

これら二つを実施するだけで、いま使っているパソコンが、メモリを増設したり、改善ソフトを入れないでも、見違えるほど軽快に動くようになります。お金をかけず簡単にできるので、まだやっていない人はぜひ試してみてくださいね。

06

パソコン内のゴミを捨てて軽快に動かす

パソコンを長年使っていると、なんとなく動きがモッサリしてきたりしませんか？これはハードディスクに不要なファイルやキャッシュなど、いわゆるコンピュータの〝ゴミ〟が溜まってくるからです。

実はこの〝ゴミ〟をときどき取り除いてやるだけで、頻繁にパソコンを買い換えなくても、キビキビ動く状態が長く続くようになります。

以下が私のお勧めの「パソコンにゴミを溜めない3つのメンテ方法」です（いずれも243ページ参照）。

①ディスククリーンアップ

パソコンのハードディスク内を綺麗にする基本機能として「ディスククリーンアップ」

があります。

この機能を使えば、ゴミ箱ファイルや一時ファイル、キャッシュ、ダウンロードプログラムなどを、一気に削除することができます。実施方法は以下の通りです。

スタート→「プログラムとファイルの検索」ボックスに「PC」と入力→PC→ローカルディスク（C）を右クリック→プロパティ→「全般」タブの「ディスクのクリーンアップ」→開いたウィンドウの中の「削除するファイル」欄から削除するものをチェックする→OK。

②ドライブの最適化（デフラグ）

ディスククリーンアップの次に有効なのが「ドライブの最適化（デフラグ）」です。ドライブを長く使っているうちに自然と生じる断片化データを整理・最適化し、動作性能を改善してくれます。最適化の方法は以下の通りです。

スタート→「プログラムとファイルの検索」ボックスに「PC」と入力→PC→ローカルディスク（C）を右クリック→プロパティ→「ツール」タブ→最適化→「ドライブの最適化」ウィンドウの中のCドライブを選択し最適化ボタンを押す。

これで最適化が開始します。ちなみに、この「最適化」は、「設定の変更（有効にする）」で定期実行されるようスケジュール化しておくことも可能です。

③Tempファイルの削除

パソコンを利用していると、Tempファイルと呼ばれる一時ファイルがパソコン内部で生成されます。これらは「ディスククリーンアップ」でも削除しきれず残っています。削除するには直接そのフォルダから削除しないといけないので、私はフォルダショートカットを作って定期的に中にあるファイルを削除するようにしています。

以下がそのTempファイルのパスになります。※ショートカット名は任意に命名

Temp①：C:¥Users¥（ユーザー名）¥AppData¥Local¥Temp

Temp②：C:¥Windows¥Temp

こまめに手入れすることで、トラブルが減り、高いパフォーマンスを維持できるのは、人の体もパソコンも同じです。定期的なメンテナンスを心がけましょう。

パソコン内のゴミを捨てて軽快に動かす

ディスクのクリーンアップ

スタート→PC→ローカルディスク(C)→右クリック→プロパティ→「全般」タブ→「ディスクのクリーンアップ」

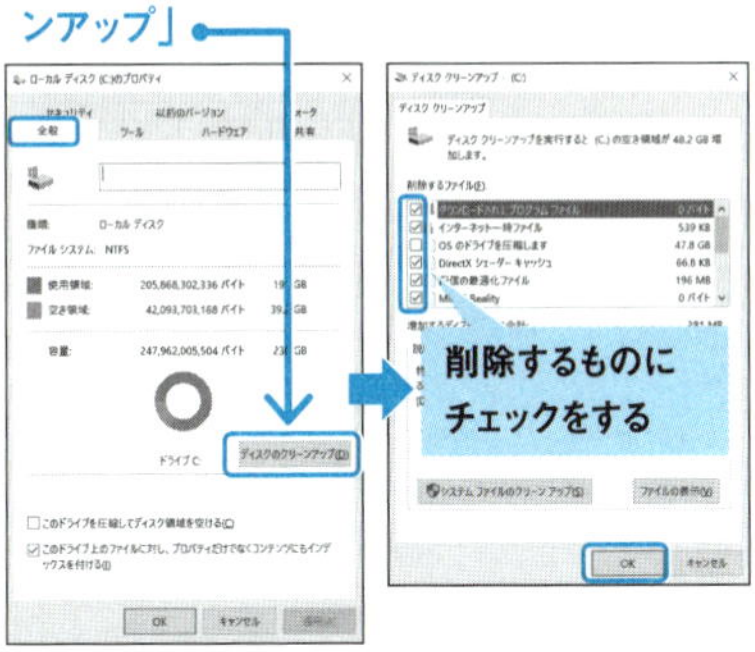
削除するものにチェックをする

Temp ①②内のファイル削除

Temp①:C:\Users\(ユーザー名)\AppData\Local\Temp

Temp②:C:\Windows\Temp

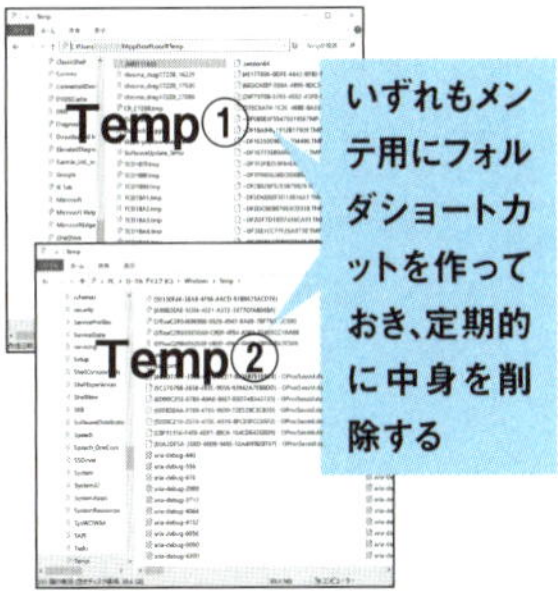
Temp①
Temp②
いずれもメンテ用にフォルダショートカットを作っておき、定期的に中身を削除する

ドライブの最適化

スタート→PC→ローカルディスク(C)を右クリック→プロパティ→「ツール」タブ→最適化

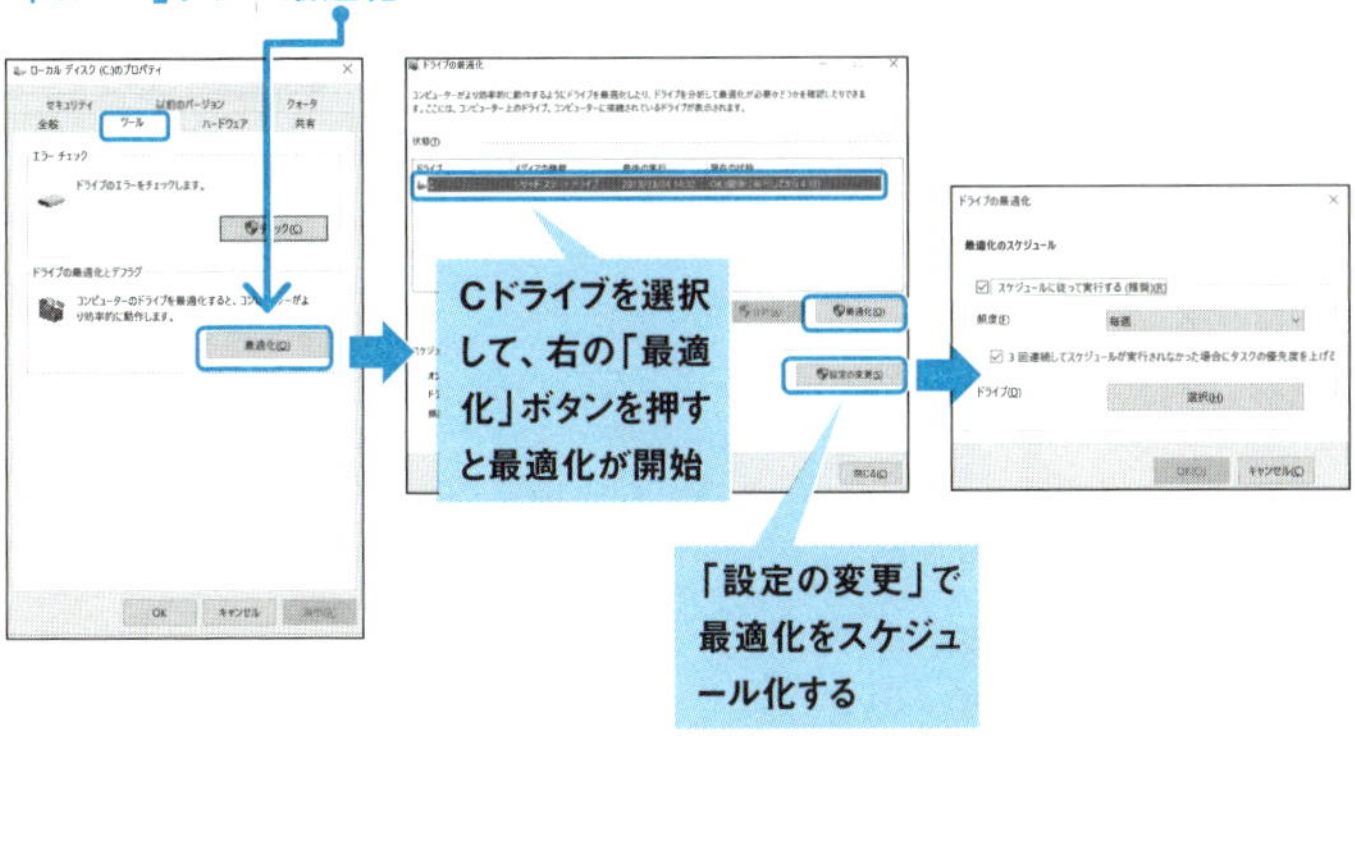
Cドライブを選択して、右の「最適化」ボタンを押すと最適化が開始
「設定の変更」で最適化をスケジュール化する

07 不要なファイル・ブックマーク・辞書を整理

定期的に不要なファイルを棚卸しする

技術革新によって、ハードディスクの価格はずいぶん下がりました。そのおかげでパソコンの記憶容量を気にする機会が少なくなりましたが、同時にハードディスクにどんどんファイルが溜まっていく原因にもなっています。

ファイルが増えすぎると、ファイルを開く速度が低下するだけでなく、目的の情報を探すのに時間がかかるようになります。また、いくら検索技術が発達したと言っても、**整理をしないで格納していると、不要なファイルは増殖し続け、やがてあなたの時間を奪う〝負債〟へと変化していく**ことでしょう。

そういった状況を防ぐには、定期的に棚卸しして不要なファイルを削除することです。

不要なファイルを整理する

上位レベルに多くのフォルダを配置して、階層を少なく

各フォルダ下にOldフォルダを設けて定期的に廃棄

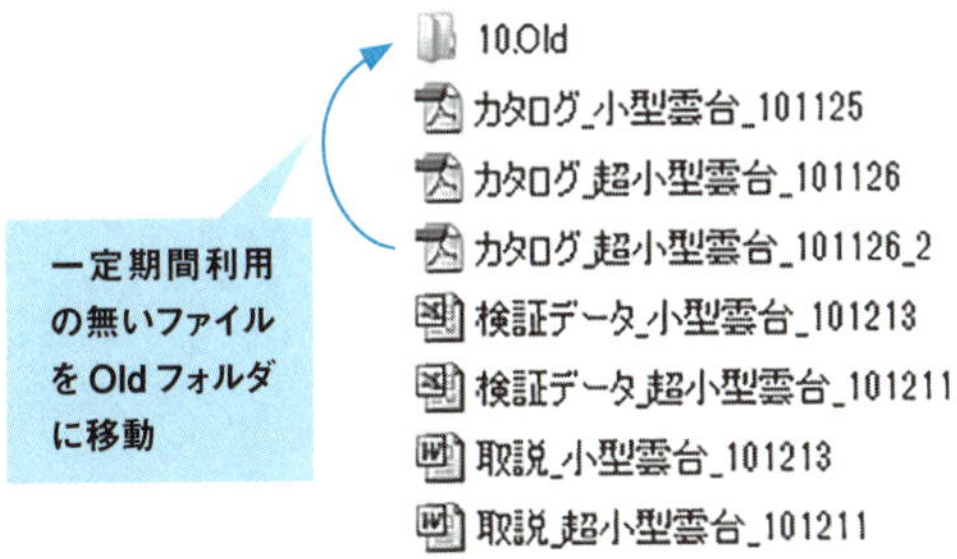

棚卸しにあたっては、速やかに取捨選択の判断ができるよう、大元のフォルダはできるだけ1箇所で管理することをお勧めします。

ちなみに、私はすべてのファイルを「ユーザーフォルダ」で管理していて、できるだけ第1レベル目に多くのフォルダを設けて、全体としてフォルダ階層が少なくなるように工夫しています。

また、フォルダ内に**「Old フォルダ」**を設け、不要になったファイルをいったん入れておき、一定期間中に再利用されなければ手動でファイルを削除する、といった段階策を設けるようにしています。

ブラウザのブックマークを整理する（Chrome）

ブラウザのブックマーク（IEの場合は「お気に入り」）にネットで見つけたページを保存しておけば、いざという時に再びページを開けて大変便利ですよね。

ただ、この**ブックマークも何もしていないと、どんどん溜まっていきます。**

私の場合は、月に1度ほどブックマークの整理を行うようにしています。目的別に分類されたフォルダや一時保存用のフォルダからじっくり要否を判断します。不要と判断されたものは「Old フォルダ」に移動させ、3ヶ月経ってもまったく開かなかったページはパ

不要なブックマークを整理する

「ブックマーク」を減らす（Chromeの場合）

Ctrl + Shift + O でブックマークマネージャーを開く

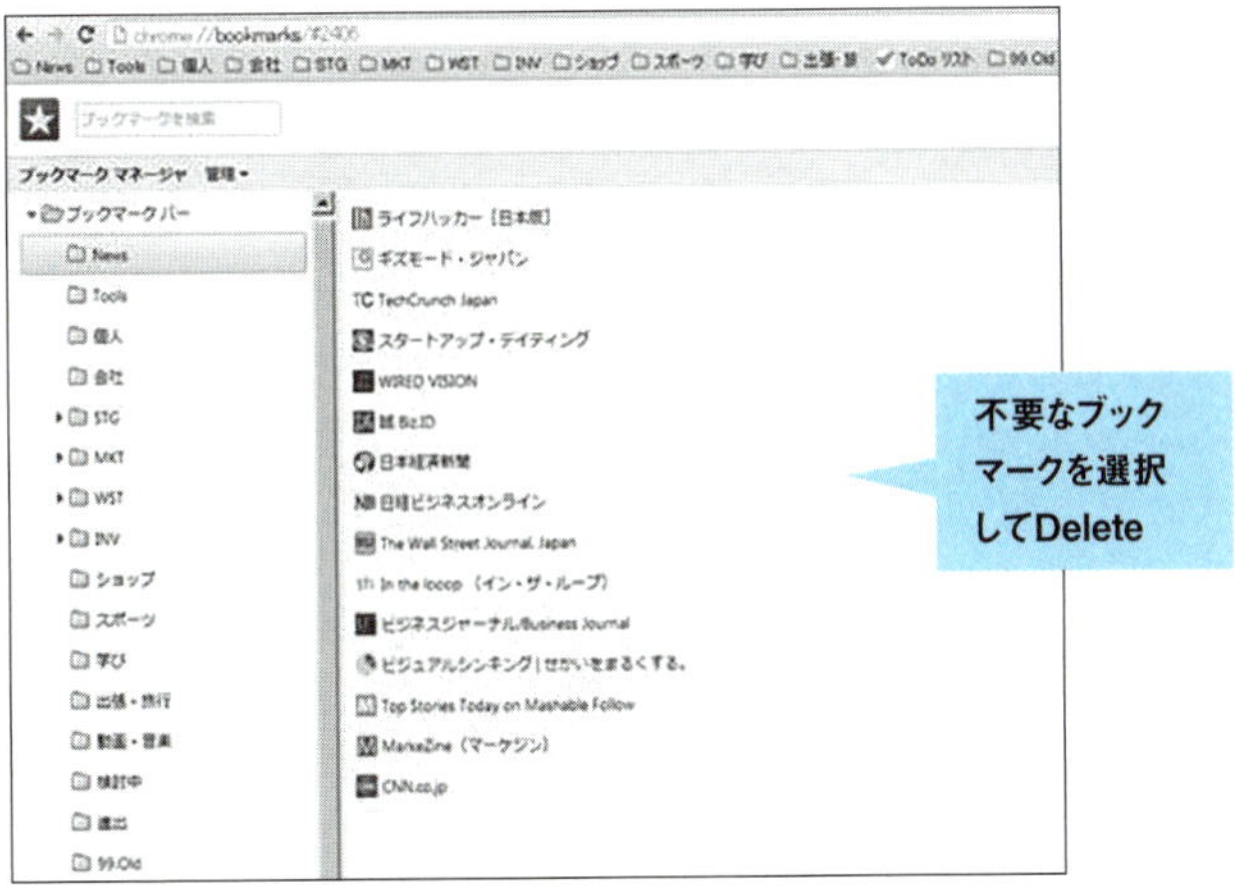

ソコンから削除するようにします。

使っていない辞書単語を捨てる（Google日本語入力）

パソコンの日本語入力システムは、Windowsでは「MS-IME」が有名ですが、私はWin・Mac両方のOSに対応していて、かつ入力予測機能に優れた「Google日本語入力」を利用しています。

これらの日本語入力システムには入力補助として「辞書ツール」と呼ばれる機能が付

不要な辞書を整理する

Google日本語入力の場合

タスクトレイのGoogle日本語入力のアイコンを右クリック→辞書ツール→不要なレコードを選択して右クリック→この単語を削除→Yes

属しており、あらかじめ登録した「よみ」に対応する「単語」を出力してくれるので大変便利です。私も名前や住所、挨拶文、エクセル関数など、反復性のあるものはすべて登録しています。

一方で、単語を登録しすぎると、自分でも何を登録したのか思い出せなくなってしまいます。結果的に似たような単語がどんどん辞書ツールの中に溜まっていってしまい、後から収拾がつかなくなります。そうならないようにするためにも、登録した単語はときどき見直すことをお勧めします。

おわりに

最後までお読み頂きありがとうございます。いかがでしたでしょうか？

本書を読まれた方が、やりたいことがまだおぼろげであっても、やりたいことを今すぐ行動に移せなくても、まったく気にすることはありません。心の中に少しでもやれそうな気持ちが湧いてくれるだけで、著者としてこれほど嬉しいことはありません。

そもそも、「やりたいことを全部やる」と聞くと、なんだかハードルが高そうなイメージがありますよね。私の周りでも「いつかやりたい」「できればやりたい」「そんなことできたらいいいな」といった声をたくさん聞いてきました。

ただ私自身やこれまで多くの人を見てきた経験から言えることは、特別な能力や才能がなくても、やりたいことは工夫次第で必ず実現できるということです。

そもそも人はみな、自分がやりたいことをやるために生まれてきたのです。

ときどき生きる意味や人生の目標について深く思い悩んでいる人がいます。そこに共通しているのは「……ねばならない」という強迫観念です。考えることで逆にその考えに縛られてしまったり、現実とのギャップで落ち込むくらいなら、むしろ初めから考えなければいいのです。私は生きる意味も目標もあえて考えませんが、毎日楽しく過ごしています。

人生はあっという間に過ぎ去ります。やりたいことをやらない、行きたいところに行かない、会いたい人に会わない、そうこうしているうちに、後からやろうと思っても、手遅れになっている場合がほとんどなのです。


人はよく人生の優先順位付けでミスを犯します。

お金に執着するあまり、仲間や友人を失ってきた人もたくさん見てきました。

仕事に執着するあまり家族や健康を失った人もいます。

親孝行や子供の成長を見守ることができなかった人もいます。

社会的地位もあり、驚くほど知性的なのに、肝心な自分の人生に対してだけは無頓着で、大切なものを失うまで気づかなかった人もいます。

幸いにも私の場合はこのことに早く気づくことができました。
それによって、私の人生における優先順位は、人（信頼）＞時間＞お金、と定めました。
先ほど「私に人生の目標はない」と言いましたが、あえてもし一つ挙げるとすれば、「人に恵まれた人生を送ること」です。いろいろと経験してきた中で、それが最も幸せになれることだと思ったからです。

そして、その状態を実現する手段として「仕事」があると思っています。つまり仕事は私にとって人と信頼関係を築いたり愛情を得たりするための「ギフト」であり、「ラブレター」のようなものだと思っています。そして、心を込めて良い仕事をすれば、人から信頼されて、後からお金もついてくることでしょう。

実際やりたいことは「仕事」の中だけでなく、「趣味」の中からも見つけられます。「趣味」の中から見つけるのであれば、「仕事」と違って信頼やお金というよりも、探究心や満足感といったものがモチベーションになるのでしょう。ちなみに、私の場合は幸運にも趣味と仕事が一体化したような状態になっています。

本書では世の中の「やりたいことがやれない状態」に終止符を打つべく、より実践的な解決法だけを厳選して紹介してきました。その解決法は移転可能で再現可能なものばかりです。つまり、誰にとっても一定以上の実現性と効果が見込めるということです。

これを多くの人に広げたいのです。ぜひ皆様のお力を貸して頂ければ嬉しいです。


そして最後になりましたが、実は本書テーマのペルソナであり、執筆のきっかけをくださったＰＨＰ研究所の中村編集長に感謝の意を申し上げます。また、クロネコキューブの社員さん、公私楽しくお付き合い頂いている皆様、いつもありがとうございます。もっともっと周りの人がやりたいことがやれるよう、色々とおせっかいしていこうと思います。

これからもよろしくお願いします。

日々精進。

２０１９年12月

岡田充弘

〈著者略歴〉

岡田充弘（おかだ・みつひろ）

◉——クロネコキューブ㈱代表取締役。カナリア㈱代表取締役。

◉——兵庫県出身。日本電信電話（のちのNTT）、大手会計系コンサルティング会社のプライスウォーターハウスクーパース、大手組織・人事戦略コンサルティング会社のマーサージャパンなどで企業再生や組織変革の実務を経験したのち、映像関連機器メーカーの甲南エレクトロニクス㈱にマネジメントディレクターとして参画。事業再編、ブランド構築、プロセス改革、ワークスタイル改革、オフィス改革など、短期間に多くの改革を実行し、創業以来の最高益を達成。カナリア㈱に商号変更すると同時に代表取締役に就任し、無借金化を達成。

◉——その後、謎解きイベントの企画会社クロネコキューブ㈱を設立し、代表取締役に就任。設立5年で西日本を代表する謎解きイベント会社に成長。

◉——社長業のかたわら、多くの企業や団体でアドバイザーを務め、起業支援や若手人材の育成にも精力的に取り組む。

◉——趣味はトライアスロン、固定席を持たず走りながら働く独自のラン＆ワークスタイルが注目を集めている。

◉——著書に、自律持続的に成長する組織のあり方をつづった『あなたがいなくても勝手に稼ぐチームの作り方』（明日香出版社）や7万部のベストセラー『仕事が速い人ほどマウスを使わない！ 超速パソコン仕事術』（かんき出版）、『爆速 パソコン仕事術』（ソシム）、『結果もスピードも手に入る 神速スマホ仕事術』（すばる舎）などがある。

装丁———小口翔平＋大城ひかり（tobufune）

図版作成—桜井勝志

やりたいことを全部やれる人の仕事術

2020年1月14日　第1版第1刷発行

著　者　岡田充弘
発行者　後藤淳一
発行所　株式会社ＰＨＰ研究所
東京本部　〒135-8137　江東区豊洲5-6-52
第二制作部ビジネス課　☎03-3520-9619(編集)
普及部　☎03-3520-9630(販売)
京都本部　〒601-8411　京都市南区西九条北ノ内町11
PHP INTERFACE　https://www.php.co.jp/
組　版　株式会社PHPエディターズ・グループ
印刷所　大日本印刷株式会社
製本所　株式会社大進堂

ISBN978-4-569-84556-2

PHPの本

外資系コンサル流・「残業だらけ職場」の劇的改善術

「個人の働き方」も「組織の体質」も変わる7つのポイント

清水久三子 著

残業はでき（させられ）ない。でも仕事量は減らない……。悩めるビジネスマンに「外資系コンサル流・生産性劇的向上メソッド」を指南！

定価 本体一、四〇〇円（税別）